我们再也回不去了

闫红

作品

江苏凤凰文艺出版社
JIANGSU PHOENIX LITERATURE AND ART PUBLISHING, LTD

图书在版编目（CIP）数据

我们再也回不去了 / 闫红著. — 南京：江苏凤凰文艺出版社，2019.5
ISBN 978-7-5594-3400-5

Ⅰ. ①我… Ⅱ. ①闫… Ⅲ. ①散文集－中国－当代 Ⅳ. ①I267

中国版本图书馆CIP数据核字（2019）第038426号

书　　名	我们再也回不去了
作　　者	闫　红
责任编辑	丁小卉
选题策划	苗　洪
出版发行	凤凰出版传媒股份有限公司 江苏凤凰文艺出版社
出版社地址	南京市中央路165号，邮编：210009
出版社网址	www.jswenyi.com
经　　销	凤凰出版传媒股份有限公司
印　　刷	三河市中晟雅豪印务有限公司
开　　本	880毫米×1230毫米　1/32
字　　数	240千字
印　　张	9.25
版　　次	2019年5月第1版　2019年5月第1次印刷
标准书号	ISBN 978-7-5594-3400-5
定　　价	39.80元

江苏文艺版图书凡印刷、装订错误可随时向承印厂调换

序 • 多年以后回望此刻

陈思呈

即使作为一个话痨，我喜欢听闫红讲，甚于我对她讲。

最喜欢听她讲童年的事。喜欢一个人，就会喜欢童年时的她。童年时的闫红，似乎比别的孩子都聪明，但又未必比别的孩子做得好，甚至某些方面比别的孩子笨拙些。总之，是一个喜感很强的孩子。尤其是她在乡村的生活，天啊，我有多么羡慕那段生活。

还喜欢听她讲一些听起来破败不堪的生活。比如说，底层人民的口味。

其实闫红自己的口味，就有点儿奇怪。比如说她喜欢看上世纪八十年代或九十年代初不入流的那些专科院校，觉得它们比规整光鲜的大学更能引起兴趣：陈旧简陋，还有点儿不分明的雾霭，看上去很颓的年轻人在里面走动。

她喜欢小县城，路上来来去去的人、飘进她耳朵的几句对话，她都能把它们脑补成一个故事；她还喜欢一些听起来很俗的流行歌，比如有一首俗得让人涕泪交加的“你已经做了谁的小三，我也不再是你的港湾”。

——她很喜欢有些破败的真实生活，喜欢那种粗粝的质感。不喜欢PS版的。

我劝她把这些写成小说。

这一劝就是六七年。经常在她如痴如醉地讲了半天之时，我打断她，像钱玄同那样，幽幽地来一句：“你把刚才这事写下来吧？这起码可以写个一万字吧？”

在此之前，闫红出了几本书，都是文化散文，也就是说，她是以“文化散文”被公众所知的。但我知道闫红写得最好的，其实是小说。而她写得最快乐的，也是小说。

因为小说能够自成一个世界。在眼见的日常生活之外，我们知道，还有一个广大的更诗意的世界，它也许在过去，在远方，也许就在我们脑海里，等待被描述，等待被语言通知。写小说的人，在自己给自己的那个世界里，不知今夕何夕，不知老之将至，她们就是我最羡慕的人。

而闫红就在这些人中。就我所知，她还是写得最好的一个。

这一次，有出版商与我有一致的爱好。仿佛是退而求其次，闫红终于写了这一组本来可以作为小说题材的散文。

其实，书里几乎所有的事，我都听她说过，但是看书的时候，我还是时不时起了一种新的震动。

她特别善于捕捉细节，特别善于表达细节。韩东说，看见那些能正确表达自己内心的文字总是惊异万分、心存敬意。表达欲和表现欲一字之差，区别明显。我看闫红的文章，经常有这样的惊异和敬意。

比如她写到公共浴室里一个陌生的女人，——“许多次，我看到她仰起头，下巴与脖颈成一条优美的弧线，水柱重重地打在她脸上，水花晶莹，冲刷着她的短发，弹溅到她的肌肤上，我能够感觉到她的快意，仿佛，是她的灵魂，在经受着这样一场强有力的冲击，我不由想，她一定是在恋爱吧。”——在她写出“她一定是在恋爱吧”这几个字之前，我被这细致有力的文字感染，心中也觉得，必须有爱才配得上这有冲击力的美感。“她一定是在恋爱吧”，当闫红这样写下，我仿佛隔空，与那个正在浴室里观察着的小女孩有了通感。

闫红与我，虽说几乎所有的话题都能谈，但其实，我们是不同的两种人。最大的不同就是，她的距离感。

她是一个即使与发小在一起，仍会不时地受到距离感的提醒的人。看她写与发小重逢那一篇，看完会觉得自己的身体不知不觉地绷得很紧，一种感染力很强的紧张感，使这场阅读仿佛带有体力性质。

距离感和紧张感这两样东西，在我这里是不明显的。但我恰恰认为，这些东西，使闫红对生活有着我所没有的理解。

因为她无处不在的纠结、钻探，无处不在的紧张感，使得她的文字，会有一般人没有的张力。她能把很多微妙的地方，呈现得特别明白，又把一些很明白的地方，弄得非常微妙。

她的分裂感，对于生活也许是一种内耗，但对于写作，无疑是一种利器——她能穿戳到更纵深的地方。说到内耗，我也不知道算不算是“耗”，就像她会得到比别人多的苦楚一样，她也会比别人得到更多的甘甜。她是一个活得非常充分的人。

读闫红这本《我们再也回不去了》，有很多次，我读哭了。

印象中，泪水来得特别突然的一次，是她写到她给她姥姥买的绣花鞋，文章里那么轻松的气氛，姥姥还得意地编好了跟别人怎么说，“是娘家的一个侄女做的”。然后还要脱下鞋，把鞋底翻给人家看，看看，这针脚多细密。然后人家必是啧啧称奇……

然后说到，姥姥央她给自己找一对红色的。接下去，闫红写道：

“我把这份心愿理解为一个老去的女人对于自己的娇宠，对于自身女性身份的唤醒与确认，而姥姥选择最放肆最喧哗的那种大红色，是因为她太老了所以她活开了，不再瞻前顾后，不再畏头畏尾，她骄傲地、平静地穿着它，那双鞋和她的岁月融合在一起，形成了让人动容的美。”

还有一次流泪，是闫红说到她第一次去上海读书时。父亲陪着她坐着夜班火车到了宿舍，父亲还在向新认识的宿友介绍她，她却注意到“出门的那个女生的铺位上，挂着一件黑色的裙子”。是很精致洋气的裙子，她猜测它的主人必也是个特别洋气讲究的女子吧？不知会不会看不起人？不是虚荣，而是“我来这里，是要赤手空拳给自己打一个天地的，从一开始，就容不得一点闪失”。

闫红的这个复述里，让读者觉得有一种咬牙切齿的孩子气，好像看到一个绷着脸的小女孩，在别人看不见的地方，她紧紧地把自己的手攥得发白，心里像艾略特一样默念：“非如此不可！”

她催促她爸快回，再三催促下，父亲方离开。那天晚上，她站在宿舍里，对着窗外的夜风，哭了。

我觉得我能看到那个第一次到异乡的女孩，她心情复杂地站在一个无法估量前景的处境里，对父亲的负疚，对异乡的恐惧，对未来的担忧，全在这一个细节里喷涌而出。我自己有没有过这样的时刻呢？也许有过，但想必被我忘却。不然为何会在这几个段落里，心揪成一团。

年纪大了，真的觉得文章不是“做”出来的。文字的灵气、布局谋篇等，固然重要，但作为一个也经常写字的人，能看出里面的技术措施。我也佩服，也赞赏，但我知道它是可以学得到的。但是闫红的文章，还有其他人难以学习的地方。那是她对生活的感受，那种既沆瀣一气而又总在抽离的状态，椎骨地纠缠而又截然弃之的态度，我从没有在其他人身上看到过。她仿佛比别人有更多的感官，生活对她充满了各种别人看不到的虚空间。她的作品有一种非常悠远的氛围，仿佛很久以前的某一天，又好像多年以后回望此刻。那种氛围令我非常着迷。

世间所有的书，写的都是作者本身。闫红写过张爱玲、秦淮八艳、胡适、《红楼梦》、《诗经》，其实都是在写她自己。现在这一本，最为直接地写自己，也是在她所有的书里，最动情的一本。我阅读的过程中，尝试去掉朋友这个身份，把她设想成一个陌生人，或者说，把自己设想成一个陌生人，想象身为一个陌生人，对这个写书的闫红会有什么感受?

想象的结果是，哪怕作为一个陌生人，我也知道，这就是我会爱上的酣畅阅读，这就是我会爱上的灵魂。

目录

文德路

颍上

·

清河路

马圩子

文德路

哪一种爱不千疮百孔

隐秘之所

我妈在纺织厂工作，这儿曾是小城里最大的工厂，现在已经破产。我妈说，破产对他们这些退休老工人来说，不是件坏事。她说了些理由，我没有听明白，总之，她对工作以及生活了几十年的那个厂区的没落，没多少感触。

工厂极大繁荣的年代，机器声终日轰鸣，走在大街上都能感到震动。厂里的女工，不但有像我妈这样从农村招来的，还有很多是上海下放的知青。

这些知青在本地扎根，生儿育女，每年回一次上海老家。工友托她们带回最时髦的日用品。在我的童年，那双被我踢踢踏踏穿了好几年的红皮鞋，就光荣地来自上海。除此之外，我还有一件大红的滑雪袄，我仍然记得，在某个刚刚寒冷的日子里，刚下班回家的妈妈，高兴地把那件明显太长的袄子，披到我的身上。

太长了，所以并不好看，后来我长高了，它变得合身了些，还是不好看，到那时我们才看出来，它压根儿就不是一件好看的衣服，与合不合身无关。不过我都穿了好几年了，也无所谓了。

上海人还给我捎过一条喇叭裤，桃红色的，裤腿上有绣花，时髦之极，我穿着它去姥姥家，特意跑出院子，走到公路上去，希望每个路人，都能注意到我的裤子。我舅姥爷吓唬我说："警察会把你当小流氓抓走的哦……"

那时我妈还挺喜欢打扮我的。六岁之后，我妈对于我的穿着，突然转变成了心灰意懒的潦草。要么是从我小姨那里接过来的旧衣服——我骨架大，撑得起；要么就是不知道从哪里弄来的。比如某年的新年，我妈拿了一件绿军褂给我蒙袄，那会儿是流行绿军褂没错，但必须是比我大一点的女孩子，才能穿出那种酷酷的痞气，再说，那件衣服上还有个补丁。

我妈后来更重视我的吃。我自小挑食，不吃葱姜蒜，还不吃猪肉。在普通的汉族家庭的餐桌上，猪肉是荤菜里的主力，这让她非常头疼。她的补救之道是每天炒两个鸡蛋埋在我碗底，再手疾眼快地将餐桌上猪肉之外的所有好吃的，抢到我碗中。

上海人带来的巧克力之类，她藏起来，见家里没人——主要是我弟弟不在家时，塞给我一小块，一盒巧克力我可以吃上半个月；家里偶尔吃个鸡，两个鸡大腿早早被剥了皮，放进我碗里，我妈还目光灼灼地盯着盘子，看见“好肉”就夹给我，武林高手般迅疾。我弟弟终于不乐意了，把饭碗一推，哇地大哭起来：有什么了不起，不就是个小女孩吗？娇宝贝！

其实有些东西我也不爱吃，比如鸭子，到现在我都觉得鸭肉很腥。那些鸭心、鸭肝、鸭大腿，我实在吃不下去啊，磨磨蹭蹭，等全家人都吃罢离席，我妈洗碗去了，我迅速地把那些东西放口袋里，转身塞到抽屉的最后一格。

那时实在太小，不懂得怎么进一步销赃，还有点儿鸵鸟心理，好像我看不到，那些东西就不存在了。但心里清楚地知道，那些食物正在抽屉最里面的一格变质——还好是冬天，不容易腐烂。惶恐地过着一天又一天，最快乐的时候，也会记起这心结，直到，它们终于被我妈勃然大怒地发现。

抽屉最里面的一格，是二十世纪八十年代每个家庭的隐秘之所。我妈也在那里面藏东西，有天，我妈对我说，抽屉里有些糖，你拿去吃吧。我打开抽屉，是我最喜欢的大白兔奶糖，我很快把那些糖都吃完了。我意犹未尽，却也未抱希望地把抽屉全部拉开，哈，里面竟然还有很多“大白兔”，我抓起来，一个一个地全部吃掉。

第二天，我弟弟也在家，我妈对我说：“你把抽屉里的糖拿出来你俩吃了。”我说：“让我吃完了。”我妈说：“里面还有呢！”我窘迫地说：“也让我吃完了。”

三尺之内是禁地

我有时猜在我弟弟的记忆里，我妈一定更偏疼我一点儿，但是，从童年到少年，甚至直到青年时代，我都在羡慕别人的母亲。近的是我同学葱葱她妈，那么温柔，葱葱经常跟我描述她是怎样的恃宠而骄；远的则有那些有名作家的妈，比如三毛和冰心的妈妈。我甚至得出个结论，要想成为一个女作家，必须有个温柔的母亲（当然现在我不这么认为了）。所以，我沮丧地想，我这辈子是当不成作家了，我妈，也太凶了。

我记忆中总有一个片段。我让我妈下班给我带粉笔，她没有带回来，我扑在我妈怀里，扯着她的衣服胡闹，我妈笑着说，哎呀，妈妈快要死了！我们嬉笑着打成一团。那时我多大？两岁，三岁？不记得了，我只知道，这是我记忆里唯一一个和我妈嬉闹的片段，其他时刻，我妈就像一只惹不起的老虎，一触即发。

有一回，我妈给我报听写，我写错了一个字，被我妈骂了几句，骂完了，她消了气，拿糖给我吃。我情商没那么高，无功受禄更添了些无措，一时间竟恼羞成怒起来，啪地把糖打到桌子上。太不识好歹了！我妈勃然大怒，伸手就是一巴掌。

经常会因为小错误挨打。比如中午踮起脚，走进房间，极轻极轻地去拉五斗橱上的抽屉，可是——从那时起我就知道生活不是可以控制的——抽屉还是发出了一声令我魂飞魄散的闷响，这响声惊醒了正在睡觉的我妈，不消说，又是抓过来一顿打。

凭良心说，我挨的打，最多也就是落在屁股上，跟我弟弟还是没法比的。也许我妈觉得小男孩更抗打，生起气来那是连拧带掐，且拣大腿上最嫩的地方，一通教训下来，大腿上青一块紫一块的，触目惊心。

那年春节，我弟弟偷拿了他被我妈“暂时保管”的压岁钱。整个年下我们姐弟俩吃香的喝辣的，大手大脚地买花炮，在小城的大街小巷里晃荡。元宵过了，问题来了，我妈后知后觉地发现失窃了，我弟弟是主犯，我算是知情不报，双双受罚。我弟弟挨打时，那叫一个鬼哭狼嚎啊，闻者悚然。轮到我了，惩罚轻得多，我妈法外施恩是其一，其二当时我姥姥在我家，大大地给我说了些情。事后，我姥姥对我说，要不是我，你看你得挨多狠！

对于我和弟弟来说，最幸福的时光，就是爸妈吵架之时。我妈搬回城西南的纺织厂宿舍，跟我姥姥住着。我和我弟弟，坐着纺织厂的班车两边跑：平时跟我爸，一到周末就去我妈那儿。

那段日子他们变成了一对好脾气的爹娘，给我们买好吃的，尽力争取我们。我妈总是说，要不是为了你们，我就跟你爸离婚了。我对单亲家庭的可怕缺乏想象，对于我爸我妈再也不可能联手整我们的生活倒充满神往。每次听我妈这样说，我总是全无心肝地想，离啊，离啊，你干吗不离呢？

他们最后当然没有离，非但如此，在某次我爸找我妈深谈了一番，他们共同梳理了多年感情，认清两人的共同目标之后，再也没有大吵过。

从此只有我妈上中班时，我们会感到些许轻松。纺织厂实行三班倒，早班是从早到晚，中班是下午去，半夜回，晚班是半夜去，中午回。我们最不喜欢我妈上夜班，这意味着她整个下午和晚上都在家，早班说起来白天不怎么在家，但是对于已经上小学的我和弟弟来说，漫长的夜晚，才是一天里的黄金时间，我们可不愿意让这段黄金时间，处于我妈的虎视眈眈之下，所以中班最好。后来我妈因病改换了工作岗位，上常日班了，我和弟弟连这点空子也钻不成了。

我和弟弟似乎十分冷血。但对于当时的我来说，我妈周围的三尺之内都是禁地，偶尔靠近，便有杀气袭来，锋芒在背，分外的局促。

有一次，我妈生病了，在房间里呕吐。我不知道该怎么办，走进房间会不会讨一顿骂？病中的她，余威不倒，连那呕吐声，都带着强大的气场，似乎一秒钟就可以转变为咆哮。

我在房间外面踟蹰，听我妈伏在床上呕吐，实在听不下去了，才走进房间，把她呕吐的那个盆倒掉。端着盆出去时，我妈在身后冷笑道：你都不敢进来了，我将来老了还想指望你？我没吭声，端着盆出了门，现在想来，我妈那一刻的心应该很冷，以为我是怕侍候她，却不知，弱小如我，不过是心有余悸而已。

偶尔的温柔，出现在我十八岁之后，那一回，我妈患了美尼尔尼症，在医院里住着。我拎了饭盒去看她，她什么都吃不下。旁边那张床上的病人家属带来了韭菜鸡蛋馅饼，大大的一块，韭菜郁绿，鸡蛋金黄，面皮上煎出褐色的小斑点，香喷喷的，整个病房都闻得到。

我妈看了他们一眼，我明显地感觉到我妈对那个馅饼有兴趣。我有了点说不上话来的感觉。之前，我妈从来没有显示过她想吃什么，她永远在吃剩饭，或是在我吃过的残骸里敲骨吸髓地剔出最后一点精华，以免浪费。她特别看不起馋嘴的女人，她的饮食态度，近乎“存天理，灭人欲”。

我妈望向馅饼的目光，第一次把她变成了一个小女孩，陌生的小女孩。我跟她说，我去帮你买一个吧？她点点头。馅饼买回来，我妈没有立即吃，她似乎也有了点感触，看着我身上的衣服，用前所未有的温和声音说，等我好了，给你做件红大衣去，长的那种。

想要好多好多爱

后来我出去上学，放暑假时我爸总叮嘱我晚一点回来，他说，你妈脾气不好。我心领神会地在学校里拖延着。工作之后，依然经常被我妈骂得灰头土脸的，甚至我都来合肥了，几个月回一次家，还是会被我妈骂得气急败坏地逃出家门。路上碰到发小，他感兴趣地打量着我，说：你气色怎么这么坏？好像被人打了一顿似的。

不过这些我已经习惯了，反正我已远走他乡，我妈的性情，也在衰老中逐渐温和，我对我妈生出巨大的怨念，是在我刚结婚那会儿。

我弟弟比我先结婚，他结婚前后，我爸妈很经历了一个漫长的兴奋期，买房子，装修，下聘礼，大办酒席，轰轰烈烈，得意扬扬。我结婚时的详情不想再说，总之一个是删繁就简三秋树，一个是枝繁叶茂二月花，我们办酒席时，我妈听说某人家人那边来得不多，居然也表示不过来了。

我当时无感，回头一想，怎么都不是滋味。后来听我妈聊起别人家的事儿，风轻云淡地说：闺女就是一门亲戚。

啊，这就是答案了，闺女就是一门亲戚，打发掉就行了。我原是敏感之人，抓住这句话，我近乎疑邻偷斧，爸妈对我弟弟说，你不要那么辛苦，将来我们这一切不都是你的？我微笑地听着，想，我并不想要什么，但，这种泾渭分明的话，是不是最好不要当着我的面说？

经常梦见跟他们吵架，激烈地指责他们不爱我，吵着吵着就哭起来，醒来时还在拼命地抽泣，一上午心情都很灰暗。经常感到被拒绝，打电话回家，爸妈口气冷淡一点，我马上就会有察觉，仓促地挂下电话，伤心上很久。

某人不觉得有什么，他出身赤贫，家中兄姊众多，能吃口饱饭就不错了，从不指望更多。我的情况很复杂，一方面，我从小感到我爸的重男轻女，他虽然也用心教育我，为我的点滴成绩骄傲，但一说起我弟弟，则更添了亲昵。他经常在无凭无据的情况下，说我不如弟弟聪明，哪儿哪儿都不如弟弟好，我也许是过于敏感地觉得：与其说这是对他的一个评价，不如说是对他的一个愿望，因为，女孩子终归是别人家的。

我一直以为，我妈对我更好一些，我吃下去的那么多炒鸡蛋、鸡大腿、鸡心、鸡肝、巧克力都在支持我的这个想法，却原来，闺女不过是一门亲戚。

积怨加上错愕，加上“不患贫而患不均”的平均主义，使我常常黯然泪下，发起狠来，只恨不能像哪吒般剔骨还父剔肉还母。我自己这样上天入地地折腾，我爸妈一无所知。我陷入自设的死局，无以解脱。在文学作品里，这时需要外力出现，这种外力，通常是灾难。

二〇〇七年，我爸遇到了一场大麻烦，几乎要倾家荡产。这麻烦还没结束，我姥姥又摔断了腿，大小便都不能自理。把我姥姥送进医院的那一晚，我失声痛哭，而我妈，这命运的直接承受者，在灯下慢慢地说，她想好了最坏的结果，大不了到街上卖小吃。她用心料理我姥姥的生活，对身边人无一句怨责，总说，他们又不是故意要这样。

我不由惭愧。我比我妈，过得要好很多，我与那灾难还隔着一层，为什么，非要比她更不快乐？是我要求得太多了吧，我想要很多很多的爱，和很多很多的温柔。

未被这世界温柔相待

我妈不温柔，因为她从未被这世界温柔对待。

她生下来才五个月，我姥爷和我姥姥离婚了。我姥爷很快再娶，陆续又有六个儿女，我妈跟我姥姥过，我姥姥原本就是个暴躁的人，之后越来越暴躁。我妈回忆，她三四岁时，大夏天，跟我姥姥一块儿赶路，我姥姥人高马大，走得飞快，她追不上，我姥姥也不抱她，皱着眉头丢回一连串咒骂。

我姥姥逼她去找我姥爷要钱，她怯怯地贴着墙根，看过继母的脸色，来到她爸面前，低低喊一声，她爸瞥她一眼，叹口气，递过几个小钱，也没有别的话说。由于我姥姥跟她前任婆婆屡发冲突，回家的路上，我妈经常被叔叔们围起来骂，多少年之后，她说，想想那会儿，还挺可怜的。

终于参加工作了，每月的工资都交给我姥姥，终于结婚了，捉襟见肘的经济条件，多少年都过不上安生日子。

为了让家里经济更宽裕些，她下班之后还要帮别人打印材料，通宵达旦，上班都变成了休息，有段时间干脆请假在家里干活。好多个傍晚，我放学归来，一盏低瓦数的台灯下，我妈茫然地回过头来，仿佛在一个人状态里太久，有动响的世界都变得陌生了。有一次，她说自己不用再买新衣服了，又不出门，穿给谁看呢？许多年后，她对我说，女人一定不能待在家里，不然整个人都会“朽”掉，可就算快要“朽”掉了，她也未曾有一句抱怨。

她也不跟她父亲计较，逢年过节殷勤探望，那些欺负过她的叔叔们，时常来我家走动，她做一桌子菜，再尽己所能地打开一瓶好酒。说起过去的恩怨，我姥姥咬牙切齿，我妈却只叹一句：唉，人不就这一辈子吗？老记着那些事儿干吗？她轻轻松松地放下，高高兴兴地过日子——我和弟弟结婚后，她很少像过去那样疾言厉色了。最糟糕的日子里，她依然觉得命运待她不薄，起码我和我弟弟过得都还好。

我妈是对的。多和少，其实是个比较的问题，你希望得到的多了，自然就觉得自己得到的少了；同时，多和少，还是个感觉的问题，你觉得自己得到的少了，你拥有的，就真的少了。命运给我妈的礼物不算多，却给了她这点智慧。

我爸我姥姥的那些麻烦很快就过去了，一切并没有像我们预想得那么糟，要是早早透支了惊惧绝望，岂不是亏大了？

但还是常常很心疼她。有时她来合肥，回去时我送她，送到火车站，还是不放心，怕哪个环节会出错，要看到她进了检票口；看到报纸上有中老年妇女上当或是被人欺负的事儿，赶紧给她打个电话。在我心里，她的“气场”一点点消退，还原成一个小女孩：在医院里出现过一次的，想吃韭菜蛋饼的小女孩；童年的月光下，刚看完继母的脸色听完父亲的叹息又被叔叔们围着欺负的小女孩；若干年前的大夏天里，怎么用力也追不上母亲的脚步的小女孩……每一个小女孩，都应该被好好宠爱。

我妈对我，也比从前多了些惦记。有次我去内蒙古，出了蒙古包，手机显示四五个漏接电话，都是我妈打来的，打过去她说，刚才老打不通，我吓坏了；我偶尔说起要买车库，她说，我和你姥姥的本子（工资存折）上还有点儿钱，我给你送过去？——她还像当年一样，虽然难免被重男轻女的风气影响，但在她能做到的范围内，总想多给我一点儿，不管我是否用得着。

我姥姥去世之后，我和我妈有过几趟出行，曾见很多人吐槽带父母出门一路摩擦不断，子女和父母早已成为最熟悉的陌生人，但我发现我妈是最好的游伴。首先态度好，去哪儿都很高兴，没有非去不可的景点，对所到之处都怀有好奇和乐于发现之心；二是体力好，能跟我日行万步而毫无倦意；三是头脑好，一路帮我拾遗补阙，还能随时指点方向。

吾友思呈君有一首诗，说如果有来世，想跟妈妈成为姐妹，“有陪伴，不纠结，有相知，没恩怨，有时顶顶嘴，很快又和好。一切都是容易承受的快乐，不甜不咸，不轻不重。”我何其幸运，有能跟我妈姐妹一般相处的时日，人生常常就是这么一转，到你未曾预想过的境地。

等我和我妈都再闲一点儿的时候，我想换一辆更适合远行的车，带着她，沿着边境线旅游，我们会不会是一对最酷的母女？最初的爱里曾千疮百孔，我们以自己的能力修复到柳暗花明，这让我对这个世界上各种不完满的关系，都多了一点期待与信赖。

发　小

真正的青梅竹马

我站在保险公司的大堂里等S。

四周影影绰绰。并没有什么人走动，可能是那些暗色的玻璃给我这种感觉。如今我已经想不起那些玻璃都镶在哪里，墙面？屋顶？或是顶天立地的方柱上？——也许，根本就没有什么玻璃，是那个大厅的装饰风格，那种现代的冷调的华丽，给我这种错觉。

我站在那里等S，看到一个瘦到古怪的人被走廊上的风带过来，我在心里嘀咕，好吧，就算有几年没见面了，你也不至于长成这样吧？

那个人走到近前，又走远，我刚看清楚他不是S，S已出现在他背后的电梯口。和刚才那个人完全是两个路子。S比以前胖了一点儿，以前他太瘦，胖出的这一点倒是恰到好处。从小到大他都是典型的豆芽菜身材，极细高的身体上，一个大脑袋晃晃悠悠，眼镜片也晃晃悠悠，亮闪闪的，像漫画书里的人物。而现在，不再那么瘦的他，看上去稳当了很多，加上一身深色西装，倒与周围这烟灰水晶般的世界很合拍。

我一时不知该说什么，说起刚才看到的那个人，说着就呵呵地笑了。S突然说，你还像过去那样，在不太熟的环境里就会很紧张。

明察秋毫的人真讨厌，你指明这一点，只会让我更紧张啊。但我总是不能够适时地表达自己的想法，这次也不例外，我干巴巴地笑了一下，说，没事儿，过一会儿就好了。

这是下午四点钟，天色还早，我们望着外面，茫然不知所往。我说，你们公司没有那种会客室吗？S犹豫地说，有倒是有，但条件很差，主要是给大家抽烟的，还有，就是接待一些客户……我说，没关系，就去那里吧。

会客室就在一楼，确切地说，在一楼的某个角落里。需要从一个柱子旁边侧身而入。里面是水泥地，人造革沙发狰狞地露出海绵，黑色长桌上油漆掉了一块又一块，有一种恶意的简陋粗糙，跟我们刚刚穿过的大堂如同两个世界。

S说，我们的客户，上门多半是吵架的……我立即明白了，这简陋是故意的，是一个下马威，刻意的怠慢，杀一杀前来维权的客户的威风。

按照我习惯的客气礼貌，我依然想说还行，只是随即进来两个西装男子，一边抽烟，一边打量颇为局促的我们。这一幕倒是更像《志明与春娇》的开头，漂泊在城市里的男女，随机性地相识。被这样打量着，还能说些什么呢？S说，我们走吧。

然后我就和S走在京城宽阔的马路上了。这是九月天，天空又蓝又高，人很少的街也像明信片。S指给我看：那里就是秀水街，我爸上次来北京，还特地去那儿，虽然很失望，但还是拍了张照片。这个细节让我们俩都笑了，我能想象他爸在秀水街留影的样子，发小就是这点好，很多事情不用讲得太清楚就能明白。

正义者联盟

一九八〇年我家搬到了报社大院，那个大院状若牛胃，入口很窄，里面却很宽敞，主体是几排红砖灰瓦的迷你四合院，一条栽满梧桐树的深巷，是出入必经之路。我家在某个迷你四合院里，S的家，在那条巷子边上。

是真正的青梅竹马，一道上学放学，从那个巷子里走出去，过一个路口，进入另一个巷子，我们就读的“红旗小学”，就在那个巷子里。

我必须和S一道去上学，倒不是情深意笃，而是在第二个巷子里，出没着一个传说中的“挖心老头”。他总是向我们靠近，口中念念有词，极其恐怖。我爸曾经问过他，为什么老吓唬小孩？他说，他只是喜欢逗孩子而已。我没有因此释然，一定要和S一道上学，如果某天，S先走了，我宁可冒着挨一顿打的风险旷课，也没有勇气独自上学。

很多年后，我看到那时的S照片，圆圆的脸，圆圆的眼睛，虽然腿显得过长过细，他自己嘲笑说像是小儿麻痹症，但确实是个很可爱的小男孩，谁也料不到他后来会长得那样——充满魏晋风度。

记得我总是去他家，他爸有很多藏书，有些锁在玻璃柜里，我们趴在柜门外看那些书脊。有本书脊写着《西×记》，我们俩都猜是《西游记》，当时《西游记》正在热播，我俩百爪挠心地想把那本书取出来，却无计可施。等再大一点儿时，才知道那是《西厢记》。

我记得他和我弟弟打架，我弟弟去找他妈告状，他妈喊他回家，他不理睬，他妈拾起个小石头丢过去，砸中了他的后脑勺，鲜血淋漓，他捂着后脑勺，头也不回地朝前走，丢给他妈一句话：“让××当你儿子吧！”

我甚至记得一年级下学期，学校里体检，量身高，我一米二四，他一米三一，他那时就已经具有豆芽菜的雏形。

他是班里最调皮的男生，但班主任喜欢他。他和班主任的侄女同桌，那女孩子古灵精怪，有次上课时，把裤腰扒下来，笑嘻嘻地示众，大家都做惊骇状，他和那女孩“沆瀣一气”，鄙视众人这惊骇里的矫情：里面又不是没有衬裤。

他不喜欢我。因为我也是个矫情的人，也许比其他人更矫情。我那时害怕“打仗电影”的配乐，它让我想起电影里血肉横飞的场景——我总是不能当电影上的事是假的，直到现在还是这样。他便在课间大声地模仿那音乐，我捂住耳朵，那声音仍然在，带着整个世界的重量压下来，我无处可逃。

喜欢他的班主任不喜欢我，五年级结束的那个暑假，我休学了，等我重新回到学校，他已经升入初中，班上唯一一个考上省重点中学的。之前他的成绩并不很好，看来班主任赏识他，真的是独具慧眼。

他从那个闪闪发光的学校回来看我，依旧带着嘲讽的笑容。不过也没什么好嘲笑的，这时的他，也不算一个好学生，否则就不会在上课时间溜出校门，做这种无厘头的探访——两家离得那么近，何至于？

也许是分别了快一年，他对我的态度比过去好，有些晚上他会到我家来，跟我说他现在组织了一个正义者联盟，专门揍小痞子。

他的正义感在不久前被严重激发，那天他骑着自行车行驶在环城路上，风光正好，气候适宜，眼前偶尔有个把美女飘过，他的心情很悠扬。突然，几个年轻人逼停了他，抢走了他的自行车，他们要去追被他们吓跑的那个女孩，怪不得他刚才看到一个女孩把自行车蹬得飞快。

好汉不吃眼前亏，S眼睁睁地看着他的自行车被抢走，不愿猜想那个女孩会遭遇到什么，他的内心充满屈辱，最后正义的念头拯救了他，他要成立一个“正义者联盟”！

那个联盟都由哪些人构成？他是怎样找到自己的同道的，他们会飞檐走壁吗？他们又是在哪里出没？在哪里守候自己的猎物？每一次都能赢吗？会被人复仇吗？许多年之后，他们在我的想象中俨然如一群蝙蝠侠，是我的一无所知造成了我这不靠谱的想象。

其实S和他的联盟，并不特别另类，那时候的校园里，有多少男生集结成共进退的群体，呼啸着从女孩子的视野前掠过。他们的战绩不时传来，男女生之间的隔阂，使那战绩像在远方战场上那么远。也许在男孩子身上，还遗存兽类的好战，互相撕咬，能够引出他们天性里的快感，即便如此，我也相信，S和他所在的联盟，真的是为正义而战。

初二那年，我偶尔说起某个同学欺负我，他把对方拦在放学的路上，噼里啪啦地把人家暴揍一顿，然后，迅疾如电地消失。对方以为我有黑社会背景。

中考失败对他变得理所当然，他被那个“省重点”刷出来，但还是考上了市重点中学，后来我也进入那个学校，与他倒不怎么来往了。只是有一回，他来约我骑自行车去十五公里之外的地方，说要锻炼耐力，我当时没觉得有锻炼耐力的必要，自然拒绝了。他走了之后，我妈正色对我说：“你是个大女孩了，不能老跟男孩一道疯玩。”我妈罕有那样严肃，所以我印象非常深刻。

他一定要说再见

高中毕业，他考上了省城的某个大专。

他经常回到小城，对我们用“野鸡学校”形容那所大专，说得一团糟。似乎，他因此有了更多的时间和理由打架。他妈老是跟我妈抱怨，说每个月给他八百块钱生活费依旧不够，因为他老把人打伤，需要携带礼物去赔礼道歉。他自己倒是从未受过重伤，我隔壁的另外一位发小因此感叹他是福将。

这样的生活当然不好，但很奇怪的，却比那些规整光鲜的大学生活更能引起我的兴趣。我想象他的校园，应该是陈旧简陋的，正午时分就会浮动着些不分明的雾霭，看上去很颓的年轻人走在小路上，上课、下课、打水、吃饭、看电影，以及，默默地绝望。打架是绝望，恋爱是绝望，不动声色也是绝望，那时我还没看到“残酷青春”这个词，我已经感觉到了那种绝望后的残酷。

许多年之后，我也来到省城，去一所不入流的学校办事，从我穿过校园门口那条乱糟糟的小吃街起，心中就莫名兴奋。这不是S读的那所学校，但它将我当年的想象落到实处，我看着校园里走来走去的男孩，每一个都像S，又都不像。那所大专虽然收藏了S的青春，却也不过是他暂时的寄寓之所。

从那所大专毕业，S依旧很颓，他父亲把他弄进了某机关，那会儿大学还没有扩招，大专学历还略有含金量，当公务员也还不需要艰苦卓绝的考试，他很容易地，就在小城的那个机关里，混成了一个公务员。

可是，像他这样的人，怎么能够做一个快乐知足上进的公务员呢？起码，我看到的他，那么分裂。

有时，他看上去特别好，到我家来——我们都从报社大院搬走了，但又都搬进了市委大院——跟我谈谈最近读的书。他从来都是特别爱看书的人，我觉得这和他爸喜欢藏书有关。虽然他说他爸藏书已成癖，比如说，一个英文字母不识，却藏了六本英语词典。但从他一直酷爱读书看，花钱买这六大本英语词典是值得的，怎么着都有点儿潜移默化的效果吧？

他跟我说他近期在读的书，也说《读书》杂志，他特别喜欢上面的理论文章，对每个作者都如数家珍。他也说起他的梦想，就是有个小房子，有个特别好的洗衣机，有个很好的妻子，然后，他就可以心无挂碍地读书了。

有时，聊得太高兴，他一跃坐到书桌上，好多次，我看着他坐在那里，高谈阔论，身后是窗户上的纱帘，纱帘透出特别安静的夜色。我在心里对自己说，总有一天，我会回忆起这个场景，总有一天，在我们过上不同于现在的生活之后，我会回忆起来。

但这场景经常被一声警告打断，我爸在门外，狠狠地敲几下门，大声道：都几点了？可让别人睡觉了？S灰溜溜地从桌子上下来，听着我爸的脚步声远了，再灰溜溜地打开门，离去。

我爸可能是怕我和S谈恋爱吧。怎样才能让他知道，我和S绝无恋爱的可能。太熟了，熟到默契无间，熟到彼此无感。有一次，S对我说，以前我从来不知道你是个美女，谁谁跟我说，你是个美女，我才恍然大悟，原来你是个美女啊！（也许您的本意是，您本来都没想到我是个女的。）

他还毒舌，我跟他表达个什么意思，他看着我说："其实你是……"一针见血，不留余地，我张大嘴，无奈地笑着承认了。我乐于被人戳穿，指出我不愿意对自己承认的意念，可是，彼此这样犀利，哪有培养爱情的余地？

我没法跟我爸说清楚这些，跟S高谈阔论时，总是又愉快又紧张，一边聊着《百年孤独》，一边侧耳倾听我爸的脚步，大人真是讨厌啊！但不管怎样，我挺喜欢那个时候的S，这也许是我有时愿意忍受另外一个不那么可爱的S的原因。

我不喜欢出现在人群中的S，那时的他，夸张张扬，有时一声怪叫，有时一连串怪笑，喝多的时候会大哭，放在《世说新语》里可成轶事，那谁谁不就是动辄痛哭而返吗？可是，如果不是纸上人，是可以肉眼看到的真人，那么近地面对这魏晋风度，实在让人无所适从啊！

我们那些共同的朋友，看不惯他的放浪形骸，背后里说，知道他不痛快，可大家不都是这样活着吗？有本事你去考研究生啊？又考不上。

可是，他居然考上了。我不知道是哪一天哪一个契机，让他幡然醒悟，跑到北京去上学了，他在京城的某高校读了个专升本，两年之后，他考上了一所重点大学的硕士，至此，跟小城，跟他厌恶的那个公务员位置，跟他一直无法摆脱的无聊生涯，彻底说了再见。

美好的事是过去的事

我也很快离开，我的家再次搬走。以前特别容易的见面，现在成了一件特别周折的事儿，也许有好几个春节，我们都同时在小城度过，彼此不过几百米的距离，可是，现在，渐近中年的我们，已经不习惯再无缘无故地打个电话约着见个面。

一个男孩打电话给一个女孩，说，我到你家聊聊天吧。这是一件太正常不过的事儿。

一个中年男人打电话给一个中年女人，说，我到你家聊聊天吧。太怪异了，都这么大岁数了，还有那么多不咸不淡的废话吗？

这，或许是我这次到北京，给S发短信之前，犹豫了很久的原因。最后，我还是发了，是因为，随着年纪越来越大，我渐渐觉得，最美好的事，是过去的事。还因为，我辗转听到他的消息，说他现在过得很好，大公司的中层，年薪几十万，但是，他并不快乐，他还是希望有一天辞掉工作，啥事也不干，就在家里看书。

我想起我们当年的对话，在那条短信下面点了发送。

此刻，S带我走在帝都的街头，带着发小的亲切与职业的得体合为一体的笑容，对我介绍经过的每一条路，每一座商场。我心不在焉，还不太习惯他这待客之道，那些路与商场与我何干？也许，他也觉得紧张吧，一个锐利地指出别人的紧张的人，其实是最紧张的。

谢天谢地，我们终于坐了下来，在某家越南菜馆。S要了一扎啤酒，我们举杯，咕嘟咕嘟一饮而尽，喝得太快了，我感到了些许微醺，觉得放松多了。开始谈人生了，我微醺地看着前方，说着我自己的话，眼前流光飞舞，带我重回少年时代。可是，只是那么一小会儿，我甚至为我已经说过的那些感到紧张，似乎调起得太高了，我不知道怎么接下去。

S看着我，说，你好像又紧张了，你刚才都放松了一点儿，只是那么一会儿，好像酒劲儿过了，你又紧张起来了。我抱歉，解释，勉为其难地自圆其说。然后奋力灌下一大杯啤酒，想用那些纷纷破灭的泡沫，淹没我的紧张感。

我对S说，其实这几年，我一个人的时候，也觉得紧张，我一个人在家待着，都觉得紧张。S点头表示理解，他帮不了我什么，他被他的生活之水围困，那水已淹到胸口，如果他睡着，就会有梦魇，他拿他的生活没办法。

他说他很忙，有时忙得都不知道面对面的那个人在说什么。他说他每个月有一半时间在出差，如果不是我给他发短信，他现在应该在上海。——我赶紧惶恐地表示抱歉，说我不过是闲步而已，耽误了他的工作，实在太不应该。

我一边说，一边觉得自己像个特别有疏离感的日本人。

我们还聊了怎样才能过得更好，每一句话都是真心实意，脸上的表情却显得言不由衷，我喜欢掏心窝子，善于掏心窝子，却无法给我那些掏心窝子的话，标配合适的表情，我常常觉得自己看上去很伪善。

其实我才分裂呢！而且这句话不是自我表扬。

吃晚饭，S邀我去三里屯泡吧，听说我有朋友在北京，又让我喊朋友过来。我知道他想在这个初秋的帝都之夜，给我一个发小最充分的殷勤款待，可我给自己规定的，能够占用别人时间的极限，截止于晚餐之后，泡吧啊什么的，从时间上就已越线太多。

我竭力露出真诚的微笑，感谢他的好意，同时表示不愿意打扰他太久。S不再坚持，提出送我回酒店，为了跟我喝两杯，他特意没有开车，可帝都的出租车是多么难打啊，站在深夜的北京街头，我一点点地感受着酒精作用力的消失，内心的无力感卷土重来，我的每一个表情，发出的每一个语音，都疲惫地涣散着。

聊了一个晚上之后，我发现，不管我怎么努力，都无法再成为许多年前的那个人，最美好的事，是过去的事，那个过去，是怎么也找不回来的了。

最后，我们终于打到了出租车，S把我送到酒店的大门外。我一个人走在铺着地毯的走廊上，灯光昏暗，我的脚步轻如女鬼，我取出门卡，放到门禁上，嘀的一声，绿色的显示灯亮了，我轻轻地嘘出一口气，拉开了门。

马路求爱者

搭讪事件

我小姨二十岁的时候，是一个非常美丽的女人。

是的，你一定注意到了，我煞有介事地使用了“美丽”这个词。在我眼中，“漂亮”作为形容词，是陈述性的，而“美丽”，则光泽闪烁，富于暗示，有一种琼瑶风的意味深长，看到这个词，你会觉得，下面要发生点儿什么了吧？

发生在我小姨身上的事情倒很简单，但在当时不过十来岁的我看来很神奇，那就是，她经常地遭遇马路求爱者。

那年暑假，我小姨带着我和弟弟第一次来到了溜冰场。我和弟弟不停地摔倒，仍然乱兴奋，小姨则扶着溜冰场边缘的围栏，像个初次下水的人那样，羞涩地笑着，试探地挪着步。这时一声不乏温柔的呵斥从天而降：“站直点，眼睛看着前方，别跟捡钱包似的！”这声音，来自已经旁观了很久的溜冰场管理员。

话说那时我就有八卦的天分，我马上判断出，这声音色厉内荏，那个年轻的管理员，根本不是在做居高临下的指导，他只是佯作粗暴，掩饰想跟我小姨搭讪的意图。

他成功了。我不记得接下来他有没有继续指导小姨溜冰，记忆里的场景，一下子就变成他俩靠着栏杆聊起了文学，啊，不，聊起了诗歌。

二十世纪八十年代末是诗歌极大繁荣的年代，诗社遍地开花，诗歌小报可以出现在任何一家学校的油印机上，你要不会背几首朦胧诗，出门你都不好意思跟人打招呼。一首不怎么样的小诗，就可以换取一个姑娘的芳心。这么说吧，在“高富帅”“穷挫丑”之类的词汇没有出现之前，写诗，能帮助那些寂寞的年轻人，找到更多的存在感。

所以一个溜冰场的管理员，热爱女孩的同时热爱诗歌毫不奇怪，而且人家真不是为了跟我小姨套近乎才这么说的。当他听说我小姨暂住我们家而我们家就在报社大院时，他托我小姨帮他问问，他不久前投给副刊的那几首小诗的下落，我小姨答应了。

那天，我跟我弟弟在溜冰场玩了很久，不只是我们，全场人都玩了很久。虽然，溜冰场的规定是，一张票只能玩一个小时，管理员的职责，就是估摸着时间差不多了上场撵人，但按照爱因斯坦的相对论，一个正在和美丽的姑娘谈着心爱的诗歌的年轻人，对于时间，不可能再有正确的感知。

然后呢？后来的事儿我没问过，生活跟文学作品的区别正在于此，文学作品起码得有头有尾，最好还要首尾相映，生活呢，神龙见首不见尾，说着说着就没了。

我后来又目睹过我小姨的一次被搭讪事件，是在小城刚刚开业的“超级市场”里。那是本市的第一家“超级市场”，与那些哪怕你买块香皂也要请售货员帮你取出来的柜台不同，它开架售货，自由选取，一听就非常洋气。我妈对这种纯形式的东西不感兴趣，“又不能便宜几块钱”，她撇着嘴说。但我二十岁的小姨，是乐于去体验一下的，就带上了我。

那个“超级市场”其实很小，如今一个便利店的规模，东西也很少，跟其他商店卖的差不多，但那么闲闲地一摆，你再闲闲地掂过来一看，透着洋气。我当时虽然不过十多岁，对于“高尚生活”的向往已经萌生，一时间自我感觉相当良好。即便这样，我还是发现了，对面货架前有个衣着得体的年轻男子，很注意地看了我们——更准确地说，是看了我小姨好几眼。

我现在还记得，我小姨穿了件紫色的T恤，肩上是镂空的，露出光洁的蜜色皮肤，下着灰色短裙，小腿不算细，但线条很美。她齐耳短发，齐眉刘海，长睫毛，大眼睛，看上去又妩媚又清新。

冷清的超市里，就我们这三个人，貌似各自闲散地逡巡，那男子始终离我们很近，我甚至能感觉到，他勇气的水银柱一个劲儿上升，即将冲过红线。

终于，他跟我们“不期而遇”了。“同志”，他说，“我想给我妹妹买点零食，你能告诉我女孩子都爱吃什么吗？”他尽量让口气显得平淡，突出内容，可我清楚地听到，在那内容的背后，藏着一个俯下身去的男人，他的问话，是他递过来的一只手，希望得到公主的亲吻。我小姨随和但也面色如常地指点了几样。那男子谢过她走开，他转身时，我听到了他心中的碎裂声，好不容易制造的一次搭讪，在一声道谢中完结。他的不聪明处在于，不懂得制造那种可以绵延生长的搭讪，他的问话是封闭性的，不像溜冰场的那个管理员，留有往下说的余地。

其实，这个年轻男子更帅一点，从着装谈吐看，家境与所受的教育都比那管理员更好，要不怎么说无产阶级革命最彻底呢。他所拥有的一切，是他的负担，使他不可能像那个管理员那样，轻装上阵。

但无论如何，这些都令我兴奋，视为成长福利之一。在我小姨枕边的那本琼瑶小说里，不是经常就这么开头的吗？美丽的女孩在街上游荡，英俊的男主角走过来……虽然我亲见的这两回还没开头就结了尾，我相信，假以时日，我必然能看到如小说中那样感天动地的爱情出现，当然，我希望，女主角是我，等我长大了的那一天。

尴尬的跟踪

我的女同学孙雨辰，并没有长到像我小姨那么大，就遇到马路求爱者啦！孙雨辰是我的初中同学，打小就是美人，学校里搞晚会，都找她主持。她一入学就拥有众多的追求者，三天两头的，就会有高年级男生递封情书过来。

我们两家住得不远，上学放学有一段路是重叠的，这使我们很容易就成为好朋友，放学时经常一道骑车，穿过长长的环城路，回家去。

有一天放学时，孙雨辰表情复杂地说，有两个男生上学路上跟上了她，现在又来了，要我跟她一道走，我答应了。

我们俩骑上车，驶出校园。没有多远，那两个男生跟了上来，问她的名字，说着些自以为幽默的俏皮话。孙雨辰闷声不理，我陪她一路蹬得飞快，心里却很不是个滋味，好像自己成了《西厢记》里的红娘，身强力壮地保护着娇滴滴的莺莺小姐。心里不由对那俩男生更增添了些反感，要不是他们轻嘴薄舌，怎会令我如此尴尬？

半路上，碰到孙雨辰的姑姑，孙雨辰喜出望外，跟我打个招呼，就跟她姑姑走了。那两个男生不敢再上前，只能大眼瞪小眼。他们回过神来，问我，你叫什么名字？我像演电视剧似的说：“无可奉告！”他们笑嘻嘻地说：“那我们就叫你无可奉告？”我没理他们，继续蹬车子，很快我就到了巷口，那两个男生，再也没有出现过。

唉，为什么我总是别人故事里的一个配角？属于我的生活，什么时候能够到来？老天似乎听到了我这番长吁短叹，在我高一那年，送给我一场结结实实的“马路求爱”。

进入高中没几天，我注意到上学放学有人老跟着我。从这人能够一天到晚在学校门口蹲守看，明显不是个学生，而是个“混社会的”。一说起“混社会的”，是不是很容易想起周润发演的小马哥或者谢霆锋演的古惑仔？就算你想得没这么文艺，总觉得该是一个瘦削高挑表情阴鸷的人物吧？然而，盯上我的这位，却是五短身材，长啥样我现在已经没法描述了，总之一点都不犀利就是了。

他经常会有两三个同伴，同伴之一还是我们隔壁班的高个男生，他们都听他的，这些让我很难理解，我那时还没有机会看曾志伟演的电影，不明白真正的老大，胜在气势，不在身材。

每天早晨，他们等在巷口，我一出来，他们就跟在我身后，说些闲言碎语。我进了校门，他们散开，等我放学，他们再次地出现了，再把我送到巷口。有一次，我听到他们在我身后说：“混得真不赖啊！还有保镖呢！”让人哭笑不得。

小城很小，有时我会在街上碰到他们中的某一个，那个人就一直跟着我，跟过一条又一条马路，可能由于一个人势单力薄，他并不说什么，好像仅仅是为了跟而跟着。而我心中百味杂陈，不可否认，作为青春期的女孩，有异性追求，就算是混社会的小痞子吧，也会觉得是一种肯定。但也很惊慌，很无措，还有一点点的羞耻感，毕竟，对方不是那种很帅或者成绩很好的高年级男生。不管怎样，生活不再那么单薄了，他们又不能把我怎么样，跟着就跟着吧。

直到，某一天下午，我来到教室，震惊地发现，我的课桌上的抽屉，被人翻了个底朝天。里面的东西，一部分被堆到桌子上，一部分乱七八糟地塞在半开的抽屉里。课本啥的倒也罢了，最要命的，是我的抽屉里，有个日记本，虽不过是些零七碎八的絮语，却是不可以示人的。

当时我们的课桌抽屉都配有一把小锁，我觉得把日记锁抽屉里，比放家里更安全。我没想到的是，世上就有高人，轻易就能撬锁，面对着那片狼藉，我的大脑一片空白。

我不敢去找那个人算账，激愤之下，给隔壁班的男生写了封信，义正词严但也略显文绉绉地指责他们，并声称再跟踪我就告诉老师。那男生很快给我回了信，奚落我“没有眼光”，说看中我的是那个人而不是他。我看着信，居然想，首先我当然知道是那个小混混跟踪我；其次，就算我弄错了，也应该是“没有眼力”，而不是“没有眼光”吧？

我当然不会再回一封信纠正这两点。

隔壁的男生却也就此不再跟踪我，只剩下那个小混混一个人每天默默地跟着。我不记得他是从什么时候消失的了，好几年后，我弟弟告诉我，我们大院里另外一个更资深的混混跟他说，某某打过你姐姐的主意，我想着咱们是邻居，劝了他几句，后来他就算了。

看来，江湖水深，一物降一物，大佬都发话了，你一个小头目还不赶紧收手？

可是，为什么发生在别人身上，那么浪漫的马路求爱的故事，到我这儿，就变得如此滑稽狼狈？难道，这是我的宿命？

慢时代里的前尘旧梦

到了我十八九岁那年，二十世纪九十年代初，马路求爱者们，依然在我们小城里活动着。有一天，邻居姐姐傍晚散步回来，且惊且喜地告诉我，她走在路上，有人跟她搭话，赞扬她气质好，想跟她认识，还约她明天再来这儿。

比我大了六岁的邻家姐姐，问我，你说我去不去呢？

我也不知道。那个姐姐最后没去，尽管她对那个男的印象不错。是啊，哪能真去呢？多不靠谱啊？只有轻浮的女孩才会买账吧？……而好女孩应该矜持，应该傲娇地飘走，马路求爱者们，就像《陌上桑》里的锄者耕者乃至于使君之类，他们的围观，会增加你的自信，烘托你的风采，可是，千万别搭理他们啊，一搭理你就掉价啦！

这是世俗常情，我们在里面浸得久了，就会越过真实愿望，变成第一反应。二十三岁那年，我来到省城工作，经常搭父亲单位的顺风车回家，搭了几回，觉得应该请轮换开车的那两位司机叔叔吃个饭。在我们单位附近的一家饭店，找了个靠落地窗的桌子坐着，我跟叔叔们没太多话好讲，吃饭的间隙，会看看落地窗外面的风景。外面有棵梧桐树，路灯的光打在上面，像是落了一片金色的雨。

一个男子从窗外走过，他看见了我，与我对望，我赶紧收回目光，闷头吃菜，用余光感觉到那个人，一直站在窗外的那棵梧桐树下，路灯洒下的光，就像金色的雨，从他的肩膀，一直落到脚下的青砖地面上。

我心中惶然，就在这时，服务员过来叫我接电话，我拿起电话，心里已经猜到是窗外的那个人。我忘了他在电话那头说了什么，我也忘了自己说了什么，总之，我是以一个本分矜持的“好女孩”的本能反应，挂断了那电话。

回到座位上，叔叔们问是谁打来的，我老实地说，是过路的一个人。他们便说，一个女孩子在外面，要当心啊，现在坏人多得很。我说，是啊是啊！

然后，我把这件事忘了。

好多年之后，我渐近中年，想起许多事已经如前生那么遥远，再想这件事，是完全不同的感觉。为什么认定那男子是轻薄之人呢？站在路边，仅仅因为一个对视便有想要认识的冲动，也许也是他一生中电光火石般的一瞬——好吧，就算不是一瞬，不止一次，那又如何？人生苦短，可以珍视的事物太少，只当是一次又一次想要遮挽的冲动也未尝不可。不一定非要想到男女上去，更不用想到爱情上去，你要是把过程只当过程，这人生，也许才能又松弛又有弹性。

而如今，马路求爱者早已绝迹，这是历史的必然。一见钟情意乱情迷的时代早已过去，据说现在的年轻人，是看着简历谈恋爱的。论坛上还真有女孩，把几个男孩的条件列出来，让大家帮她画个圈，仿佛那些条件的人肉载体，倒是最不重要的一样东西。在这样的一个时代里，哪还有马路求爱者的容身之所？

就像我们曾目眩神迷过的琼瑶故事，都只能是慢时代里的前尘旧梦，昏昏然地摇过来又摇过去，还有谁会执迷于那片幻影呢？连琼瑶阿姨都变成了琼瑶奶奶，而且果断地改了戏路。

我听过最美的声音

对每一个字都怀有爱慕

我第一次见到CC，是在教室外的走廊上，下午放学时候，学生们鱼贯而出，值日生已经挥动扫帚，灰尘浮动，光影模糊，就像一张曝光不当的黑白片，现出日常的平庸。

一个明亮的嗓音穿透这一切，像一束光，照亮晦暗的世界。尽管，那声音的内容，不过是喊着一个男生的名字兴师问罪，可是，已然目眩神迷的我，只觉得那个狼狈的男生的名字起得也好，抑扬顿挫的，以那样的嗓音念出来，琅琅若金石声。

我朝着声音的来源看去，是个皮肤黑黑的女生，眼睛也黑，头发很长，站在逆光处，脸上怒气冲冲，但那怒气，并不使她显得粗横，先入为主的好感，倒让我觉得，她像个话剧演员，在饰演一个被激怒的公主，脸上的表情因为到位，更有一种风情。

那是在高一时候，刚开学不久。几天之后，我有机会认识她，在学校的办公室里，语文老师告诉我们，学校不久要举行一个演讲比赛，他希望我们都能够参加：我作文不错，可以整点原创，CC的声音非常漂亮——语文老师同时还是CC所在班级的班主任。

那之后，每天放学时，我们就来到办公室排练，我不记得我那所谓的原创都胡扯了些什么，CC那篇，我记得很清楚，名为《青春》。很煽情的文章，没有什么内容，但CC那把好嗓子，足以化腐朽为神奇，将最空洞的文字，念得荡气回肠。

该怎么形容她的声音？我只能说，它层次分明，明亮的时候宛若金石声，幽暗下去则如带褶皱的丝绸，而无论明亮还是幽暗，都有一种特别的东西铺底，使得那声音永远不会单薄，那特别的东西，就是感情，她好像对自己吐出的每一个字都怀有爱慕，绝不会随随便便地含糊掉。

她的声音让我惊艳，她的言行举止则让我惊奇，我们那个年代，在老师面前严肃得紧，通常是，有一问便有一答，匆促答完，不再多话。CC却是有说有笑，有次老师说她念得有气无力，“没吃饭吗？要不要我去给你买俩烧饼？”很普通的打趣，就戳到了她的笑点，她笑得蹲到地上，好容易告一段落，她站起来，还没念上两句，又笑得直不起腰，“不行，我一想到您说的‘买俩烧饼’就想笑。”她抹着笑出来的眼泪说。

这无疑是放肆的，在我们小城，这样的放肆，是让人侧目的，但她班上的同学，已见怪不怪。后来，我得知，她和她那口悦耳的普通话，都来自遥远的沈阳，对于在皖北小城长大的孩子来说，那城市大，遥远，高级，大家默许了她放浪形骸的权利。

CC没有悬念地获得了第一。她的声音从话筒里传出的那一瞬，就以特别的质地与气息，让全场片刻寂静。尽管如此，那篇文章还是太长了，中途有人交头接耳，合成嗡嗡的杂音。我比她先上场，也听到过这声音，十分惶恐，勉为其难地把下面的话背完，落荒而逃。CC却停下来，黑眼睛扫视一下全场，这奇怪的停顿，让全场片刻寂静，她说：“我希望大家能够尊重我，尊重我的演讲。”然后，她继续，在那片明显被震慑住的安静里，她声音的美，展露无遗。

让她以绝对优势赢得了比赛的，不只是那好声音，还有她那种勇敢大方的风仪，这是我们这些缩手缩脚的小地方人所不具备的。

用那样的声音歌唱

以后再见面，彼此会打个招呼，我注意到和CC最好的，是一个名叫张梅的女孩。

她俩上学放学都一道走，课间也像连体人，靠在教学楼的水泥栏杆上，朝楼下看，有说有笑。有次我问她们在看什么，CC笑嘻嘻地说，在看一个初三的男生，说着，她指给我看，还问："帅不帅？"我暗暗吃惊，倒不是那男生令我惊若天人，而是在我们当年，哪有女生这样公然地赞美男生的"色相"？在姐弟恋尚不流行的年代，喜欢上低年级的男生，更是可羞耻之事。

但她的坦然提升了她的气场，我不敢轻易地否定，倒认真地随着她的指点看了一眼，那男生确实挺帅，但我以为，主要还是穿得好，打扮得入时，在一堆灰扑扑的中学生中，堪称鹤立鸡群。从此后，再看CC和张梅她们站在阳台上痴痴凝望，我心中便不由飘过《西洲曲》里的句子："忆郎郎不至，仰首望飞鸿。鸿飞满西洲，望郎上青楼。楼高望不见，尽日栏杆头，栏杆十二曲，垂手明如玉……"我真是个文学青年啊！

CC突然来找我。说她准备参加一个全国主持人大赛，要制作个小样参加初赛——那时，"海选"这个词还没有出炉。

她希望我能帮她写一段。

学校很重视这件事，派老师来指导，帮CC借录音室，甚至默许我逃课陪她前去，以随时帮她改词的名义。

这推进了我和CC的交情，许多个中午，她要练习，回不了家，就到离学校很近的我家里打发时间。十六七岁的女孩子在一起，不由自主就会谈起比较隐秘的话题，她告诉我，那个初三男生早已是明日黄花，现在，她喜欢上了音乐老师。她笑着，用肯定的口气告诉我，这，已经是本班公开的秘密。

但我就不知道，现在知道了，还是感到不可思议。音乐老师就是辅导她的那位，姓章，二十五六岁的样子，中等身材，但一看就是经常锻炼的，举止投足间，有猿臂蜂腰之感。

他算不上帅，脸庞骨感，五官棱峭，略略有些怪。好在他很潮的一身装扮，使得这怪，成为一种风格，与衣着保守的其他老师区别开来。他说话随意，有点儿浑不吝，不像个老师，倒像个社会青年，他经常不屑地说阜阳是个破地方，他将来要去北京唱歌。

女同学说起他，通常先带了三分嘲笑，这固然是因为他的年轻和不靠谱，只怕也是，他那不无邪气的魅力，使她们要以嘲笑来抗拒与掩饰。

只有CC公然承认喜欢章。而且，她说，她已经表白，遭拒。

章的宿舍在校园的角落里，一排平房中的一间，浓荫遮蔽，是个幽静的所在。CC去那里找他聊天时，顺带着表白了。章说，我也很喜欢你，但你太小了。我家里人在催我结婚，我没办法等你。

这不是拒绝，我对CC说，这叫欲擒故纵，他知道你不会被这个借口吓倒，在等你更加勇敢地扑上来。

CC瞪大了眼睛，很奇怪貌似简单的我，如何会这般老谋深算。我说：“我经常看小说啊，看小说也是在看社会。”如今我想来，我以当时的弱龄而能成为一感情专家，更大程度上，要拜我喜欢打听家族里那些事儿积攒的经验所赐，跟看小说未必有多少关系。

但不管怎样，这足以使CC佩服。她同意我的话，同意的结果是，她一方面轻视章无聊的伎俩，一方面恢复了遇难而上的信心，用当今美少女们的说法，就是，她一定要把章扑倒。

章没松口，但不介意她来找自己。每次CC从章的那里出来，都会来找我，要我分析，章的只言片语背后的意思。然而那些话总是东一榔头西一棒槌，实在分析不出个子丑寅卯，也许章都是顺嘴散扯，没打算微言大义。

她复述自己说过的那些话，给我唱她在章面前唱过的歌，她的眼睛望向虚空，长睫毛簌簌地颤动，黑眸子偶尔灵动地一闪，又迅疾复位。她吐字轻盈，但每一个字，被吐出后，并不会迅速地消散，直到今天，我还能感觉到那字字句句都在我幽暗的小屋里飞舞，舞出倾己而出的热忱，和这热忱被伤害的痛。

我目不转睛地看着她，想，假如我是章，一定会在这一刻爱上她。当一个人，用那样的声音歌唱，求你爱她，得怎样心如铁石，才能一再拒绝？

疏落的素描

CC的心情随着她的单恋载浮载沉。有一天早上，天很冷，零碎地飘着雪花，第二节课课间，CC走过来，心情低落地说，我们逃学吧？

我收拾了书包，跟她一块儿出了校门，雪花纷乱，落了满身。脚下却没积起来，经脚步一踩，融为泥水。我们先是去了新华书店，我买了一本《梁实秋怀人录》，北京广播学院出版社出版，CC望着书脊上出版社的名字，说，这是我多么向往的地方啊！

她指的是学校而非出版社，她希望自己能当上主持人。

但未来还很遥远，萦绕她心中的，是那不被接纳的爱。

她一路跟我聊着这个事儿，一会儿垂头丧气，说她已经决定不想这件事了，她要好好学习考大学，一会儿又高兴起来，说，章其实挺喜欢她的，每次她离开时，章嘴里催她快走，眼睛里却能看出依依不舍。她也说到，章喜欢她的声音，对她说，一想到以后不能听你面对面唱歌，还挺遗憾的。

这些碎碎念，听得我也像一个恋爱中人那样心情复杂，心中梗着一点什么，怎么也消化不了。这或者是我一直乐于掺和CC这件事的原因，作为一个同感性特别强的人，只是围观恋爱，就已经能够让我体会到恋爱的感觉。

大街上又脏又冷，CC说："我请你吃饭吧！"——顺便说一句，她也是我们班上最有钱的，有次上体育课，她口袋里掉出三张百元大钞，同学皆惊异她带这么多钱干吗。她口气平淡地说，花呗。

我跟着CC进了街边的饭店，这是我第一次下饭店，以前跟爸妈一块去的不算。我略带紧张地坐在CC选定的桌前，她已经神情自若地点起菜来。我还记得那天她点了一道八宝饭，谈不上多好吃，于我却是新奇的体验。不但我，连柜台前的老板，都好奇地看着这两个"下饭店"的女中学生，CC全然无视，招呼我吃这吃那。

外面的雪还在下，苍苍茫茫，把小城下成一幅疏落的素描。那年头，城中屋舍多是平房，坐在小饭店里，一眼能看到城头的那一端，心情没着没落起来，不知今夕何夕。

那么特别的节奏感

和CC的交往，帮我开辟了一个新天地，我有时想，是不是大城市的女孩子都像她这样，大胆到彪悍，敢爱也敢恨，虽然，那敢爱与敢恨，都让人有点儿啼笑皆非。

日子就那么过去，在CC的爱与怨里，有天，她突然告诉我，章要结婚了。“他有女朋友？”我惊问。“有啊！”CC以平静的口气，嘲笑我的大惊小怪。“他一直都有”，CC说，“他不太喜欢那女的，但他要是不结婚，家里人就不允许他去北京唱歌。”

哦，我想，原来大城市的女孩，失恋了是这样举重若轻的。可是，又过了几天，CC告诉我说，她不能善罢甘休。在她和张梅站过的栏杆前，她望着楼下的人，黑眼睛里带着恨意。

这话吓了我一大跳，我不知道她将采取什么样的非常规手段。她接着说，她决定，在章结婚那天，找个更帅的男孩，一块儿从章办婚礼的酒店前经过，子不我思，岂无他人？她要狠狠地跟他示个威。

那男孩她已有了人选，就是她曾经在楼上翘首观看过多时的初三男生，她都跟他说好了。

这个，未免太幼稚了吧？我连阻止她的兴趣都没有。

CC按照计划去做了。很不幸，她后来告诉我，她记错了酒店名字，那个男孩陪她在酒店门口辨认了好几遍，门口站着的那位西装革履的新郎，跟章没有一点儿关系。

她只得跟那男生在路口告别，骑着自行车灰心丧气地回家去，正骑着呢，突然听到有人说，这女孩的头发真美。她抬头一看，是一个年轻男子，这不是重点，重点是，这男子旁边，站着穿着西装别着鲜花没有表情的章。

CC得意死了。她报了仇，心花怒放地回家了。她的爱情故事结束了。

这结局比开始更不靠谱，说实话，写到这里，我很纠结，我不知道这段故事可不可以说，我顶着不安的压力坚持写这个故事的原因是，我对CC很着迷，她不是约定俗成的那种好姑娘，不是通常意义上的那种“坏女孩”，她更像是一个总是带着嘲笑眼神的嘻哈女孩，她的节奏感那么特别。

当然，这崇尚与她的好声音密不可分，我承认，我有才华势利眼。不管有多少歌有多少文章高歌“平平淡淡才是真”，让我着迷的，总是那些明亮奇崛的东西，多年来，我没有再见过CC这样的女生。

她像曾在章的生命里迅疾消失一样，在我离开学校之后，她从我的生命里消失了。我时常百度她的名字，在空格键后再敲一个“主持人”，但搜出来的内容五花八门，我翻了好几页，也没有发现哪一个像她。假如她没有做主持人，现在又过着怎样的生活呢？机关职员？店铺里的老板娘？或者是全职太太？不管怎样的职业身份，发生在她身上，总会有点儿不一样的，因为，她是那样与众不同啊！

铁轨上的记忆

只为远方

一开始，我们坐火车，是去离我家六十公里左右的马圩子。

马圩子是我姥姥的娘家，隶属颍上县，坐汽车太周折，且火车票更便宜，遂成首选。

去马圩子，要从板集站下车，从阜阳到板集的火车有两种，慢车两块钱，快车三块五，就那么点儿路，时间上差距不大。所以我们有时候坐快车，有时候坐慢车，那条线上车次不少，赶上哪班坐哪班。

与穿街过巷的汽车不同，火车远离街市与人群，窗外总是广袤原野，或绿，或黄，或有河流蜿蜒向晚，或有豆秸捆扎成一簇簇，躺在地头田间……无论哪一种风景，都永远有一棵树，远远地，站在车窗取景框里。

它离群索居，不似谁刻意栽种，像是小鸟偶尔衔来的一粒种子，丢在这里，它便跟小麦大豆一起生根发芽。当大豆停止生长，小麦的腰被麦穗坠下，它依旧不断地向上，最后，站立成了这样孤独，这样美丽，又这样骄傲的一棵树。

我喜欢那站在远方旷野上的树，不管它们是冠如华盖，还是有只有闪亮的枝丫光秃秃地刺向天空。

第一次坐火车出远门，是去重庆。

十七岁那年夏天，我的一篇作文，得了一个奖，老师带着，去现在已经为建三峡大坝淹没的奉节老城领奖。

自小在皖北小城中长大，位于四川腹地的奉节，于我如同崇山峻岭中的一颗明珠，它未必特别美，却是我有生以来，第一次可以触摸的远方。我知道路程漫漫，此行必经辗转，可是这辗转，对于一直困囿于小城的我来说，都是那样过瘾，那样奢侈。

火车在深夜里铿锵向前，在清晨把我们带到漯河，我们要从这里转车去郑州，再从郑州，转车到重庆。这是一个普通的地级市，我以前单知道它出火腿肠，在清晨的雾气中走过月台，火车站外喧嚣、杂乱，人人看上去都很可疑，但我站在杂陈的噪音前，还是兴奋非常，所谓远方，不就该是这样潦草凌乱吗？

在火车站门口买了一串香蕉，回候车厅时，被一个卖水果的妇女喊住，她问我的香蕉多少钱，我如实回答，从她似笑非笑的眼神中，我知道，我被宰了。

甚至被不伤筋动骨地宰一下，都是旅途风味之一。

从郑州到重庆，要三十多个小时，硬座，夏天，没有空调的车厢里，坐得满满当当，那滋味想来不好受，现在却全无印象。那列火车经过洛阳，离开河南，从陕西南部的丹凤一带擦过，进入秦岭，眼前便不时一黑，车厢顶上的灯光亮起，车轮碾压车轨的声音格外沉实，是进入了隧道。

无尽的隧道，提示着无尽的山岭，起初兴奋，久之疲惫，耳朵里有了幻听，但渐渐地，还是伏在小桌上睡着了。

我们是在夜晚抵达重庆的，火车缓缓地进站，我贴着车窗，看山城灯火如瀑，自上而下，错落地镶嵌着七彩宝石，那极富层次感的美，宛然如另一世界，让来自小城的我，唯有目瞪口呆的份儿。很多年后，我再去重庆，朋友特地带我们去看山城灯光，驱车行了老远，终于到一传说中的绝佳地段。灯火确实漂亮，可也就是漂亮了，没有当年那样一颗宣纸般善于吸纳晕染的心，再美的风景，都像油纸伞上的水滴，融不进分毫。

要一场没有终点的旅行

年轻的时候，都不用看到火车的伟岸身影，隔着千家万户传来的一声长鸣，都能让心旌摇动。和很多人一样，我在十几岁时渴望离开小城，夏末清晨，席子已不再燠热，半梦半醒之间，总有一声长鸣，穿越小城的雾霭，穿越无数混沌梦寐，落到我的枕边。

火车站和我家，位于城市两端，可我真的听到了那声鸣笛，是清晨特别安静吗？还是那时候的城市更加安静？我闭着眼睛，想象那车上的人，这个时候，大部分人都睡着吧？明晃晃的车顶灯下，他们伏在小桌上，车身晃动，他们睡不安稳。也许有人已经起身，火车就要到站，他们站起来够行李架上的大包小包，有的人开始洗漱，有的人直接睡眼惺忪地站到了车厢连接处。

车到站了。这样早，人不会多，谁的扁担碰到了谁的肩膀，谁站在雾气弥漫的月台上茫然四望，又是谁，坐在窗口，望着站牌上的地名发着呆，也许他一辈子就这么一次，路过这个地方。

不管是哪一个谁，都是我羡慕的对象，我多么希望，自己就是那个乘着火车去远方的人。要是能做个列车员就好了，时时刻刻生活都在移动，见不同的人与事，一生就是一场没有终点的旅行。

我终于得以离开，是在十七岁那年。

我中学时开始偏科，语文第一，作文经常被老师作为范文朗读，理化却倒数第一。高二时候，我不愿意无端消磨光阴，自说自话地做出一个决定，退学回家，走写作道路。

做这个决定是在冬天，我每天仍旧背着书包出门，到近郊的坝子上溜达，路上人迹稀少，不大会碰到熟人。然而天越来越冷，之后干脆一不做二不休地下起了雪，我在飘雪的坝子上晃荡了几天，看看老天也不容我继续隐瞒，索性在某个清晨，跟我爸坦白了。

我爸很平静，他问，这真的是你的决定吗？你将来不会后悔吗？我说，不会。我爸说，那好。但是你这么小，也没有生活基础，待在家里写作是不行的，我去打听一下，像你这种情况，能不能到大学里旁听。

我在小城的师范学院历史系旁听了大半年，第二年深秋的某一天，我爸下班回来告诉我，他打听到复旦有个作家班，虽然这作家班已经开学一个多月，但他打电话去问了，可以插班入读。正好邻居叔叔明天去蚌埠出差，我们可以搭他的车到蚌埠，那里是枢纽，去上海的车次会多一点。

我喜出望外，上海、复旦、作家班……对于一个小城文青来说，每一个都是光芒闪闪的字眼，我不知道我爸是怎么打听到的，做父亲的，常常就有这种特异功能。

望着窗外，我哭了

第二天，我和我爸拎着大包小包的行李上了那个叔叔的车，然而我坐不惯轿车，车行不久，就开始晕车，吐得一塌糊涂，我爸只好带我下车，在路边等来一辆大巴，来到蚌埠火车站。到那儿就见乌泱泱的都是人，排了很久的队，才买到两张当晚的站票。

那是我平生乘坐的最拥挤的火车，之前，我从不知道，人可以被压缩到这种程度。厕所里站着人，座位底下躺着人，我们几乎是踮着脚站在走道上，不用扶任何东西也不会跌倒。

时不时有乘务员推着售货小车径直走来，一些人只好脚踩座位旁边的栏杆，双手抓着货架，将自己悬空起来，但这还是激怒了那个文着褐色眉毛的乘务员，她叫道："赶紧下来，瞧你们跟个壁虎似的"，可是，你让人家朝哪里下呢？

就在这一团混乱中，我和我爸画风迥异，我们大着嗓子，试图让声音穿越车轮的铿锵和喋喋人声，我们在谈文学。谈王安忆，王蒙，也谈当时最红的余秋雨，我爸对于我的求学寄予厚望，一点也不觉得这个作家班没有毕业证是个致命BUG。

我们在凌晨五点到达上海站，站前广场上天色清灰，下面是楼群，又高又冷，我心里的那点不确定生出来，虽然是我自己决定退学的，我并没有我爸那么乐观，我知道自己踏上了一条不可以回头的路，这条路人迹罕至，我不确定自己走得通，我知道我在冒险，我怕我爸不知道我在冒险。

一路打听着，换了两趟公交车，我们来到邯郸路上的复旦大学，报了名，交了厚厚一叠学费，领了蚊帐什么的，我爸带我来到宿舍，帮我铺床挂蚊帐。宿舍里有两个女孩子，都是作家班的，很热情，我爸操着家乡话跟她们交谈，我却感到一丝不安。

就像林妹妹初入荣国府，生怕走错了路说错了话让人耻笑了去，我爸这么高门大嗓的一口家乡话，她们会作何想？然后我又看到旁边的空床上，挂着一件特别时髦的连衣裙，我想睡这张床的，一定是一个特别洋气的女孩子，她很快就回来了吧，她会有怎样的眼神。我承认，当时的我，是有点虚荣，另一方面，我来这里，是要赤手空拳给自己打一个天地的，从一开始，就容不得一点儿闪失。

我催着我爸回去，我们下车时他已经买了返程票，我奶奶那段时间身体不好，他不太放心。同屋的女孩子有点不忍，说，叔叔太辛苦了，让他先在这休息一下吧。我爸犹豫着，想去小卖部帮我买点日用品，但又担心去车站的路不熟，耽误了火车，就把口袋里的钱都掏出来，留了几十块零钱，剩下的都给了我。

等到我爸离开，强烈的愧疚感将我完全席卷。那个晚上，站在窗口，对着大片的黑夜与凉风，我哭了。室友以为我是想家了，其实，我是想着还在火车上颠簸的父亲，他有没有座位，能睡上一会儿吗，他如此辛苦地将我送到这里来，最后会不会被证明尽是徒劳？

后来我爸说，返程的火车人倒不是很多，他一上车就趴在小桌上睡着了。朦胧中感到有三拨小偷光顾过，翻他的口袋，他头都不抬，就那么几十块钱，贴身放着，小偷偷不去。

下了火车，也是凌晨，没有公交车，旁边的三轮车招揽生意，他一问，要三块钱，他决定走回去。

一路走着，又渴又饿，看到路旁有卖烧饼的，他买了一只烧饼，再走几里，看到卖茶叶蛋的，再来个茶叶蛋，吃下去，还是饿，于是又买了一套煎饼果子，他平时不吃小吃，这次发现这煎饼果子真好吃。这些东西加一起，正好三块钱。

我爸说的时候哈哈大笑，似乎很满意，又有点自嘲。

我确认，我是被富养大的女儿

我后来曾多次写过我在作家班那两年的彷徨。我是个敢做不敢当的人，牙一咬眼一闭都跳下去了，掉到半中间开始害怕，害怕不能成功又没有工作，无法谋生，过着朝不保夕的生活。有一次，我问我爸，他当时怎么就不害怕呢?

我爸说，第一，即使我不是你爸，我也能看到你的才华，我不相信你写不出来；第二，就算运气不好，我除了工资，还有稿费，再养活你十年二十年不成问题。十年二十年以后的事儿，到时候再说吧，提前悲观没有意义。

后来从作家班毕业，经历了一些波折之后，我进了省城的报社，一直做编辑，业余写稿，出书，写专栏，虽然依然自感平庸，但未必比我继续读高中更糟……

从前我一直没觉得我的经历有什么不妥，但后来我和很多朋友聊过，她们都觉得我爸神奇得不得了，九十年代很少有父母敢纵容女儿不读书，花大笔银子去读那些没有毕业文凭带不来毕业分配的班，黄小姐说那时候她也偏科，但如果她那时敢不读高中，她肯定已经被丢到化工厂扫厕所了……

“你知道你多幸运么？我们那一代女性，连读书的机会都要靠自己拼命挣回来，我有好几个表姐为了供弟弟读书，成绩好好的，退学出去打工赚钱给弟弟上学……”

所以，如今想来，我爸确实是一个与众不同的爸爸，如果用现在的话来说，我爸对我确实算是真正的富养。

真正的富养不是给女儿金尊玉贵的优渥生活，不是教她琴棋书画带她周游世界，而是给她自由，让她冒险，跟她一起赌个未来。

许多年之后，我一直记得，在那无比拥挤的火车上，我爸热情洋溢地跟我谈文学的情景，他怎么可以那么不恐惧呢？怎么可以对子女有那样的迷信呢？这多多少少，给容易灰心的我一些鼓励，让我彷徨着，又朝下走去。

如今绿皮火车已经不多见，出行多是高铁，在站台的长亭上，看那高冷现代的车厢逶迤而至，便觉得与生活也隔了点距离。在车上用kindle看书，刷手机，或是点餐，与过去的经验完全截断，曾经的火车记忆，渐渐模糊成了故乡。

浴室里的女人

在创伤中逐渐安稳

一九八〇年，我家搬到报社大院，原先住的纺织厂宿舍，留给了我姥姥。周五放学，我和弟弟便乘着厂车去我姥姥家，厂车是大巴，很高，看窗外时，有居高临下之感，当它缓缓驶入纺织厂厂区，那种感觉来得更是分明。

厂区大门两侧的路牙子上，永远有吃晚饭的女工蹲成一排，白围裙，白色的软帽，帽檐下露出的头发上沾着棉絮。她们一边扒拉白瓷缸子，一边抬眼看着大巴，苍茫暮色中，她们没有表情的脸，如油画般麻木苦楚。

当然这也可能是我的心理作用，我无数次听我妈说，工人是社会的最底层。我爸则紧跟着补充，说，你妈每天绕着织机跑，一天差不多要跑三十里！

累倒也罢了，我妈耿耿于怀的，是常有人来厂里参观："有些女的，拽得人五人六的，长得不就那一堆吗？"——"一堆"是吾乡俗语，形容外表没有可圈可点之处。很多年之后，当我偶尔也作为会议代表，去工厂参观时，看着那些在流水线上忙碌的工人，特别能够理解，作为我妈，对那些姿质平庸只因命好就可以带着优越感看她们劳作的参观者的厌恶，所以，我总是匆匆一瞥，便溜到门外去。

好吧，还是回到那些黄昏，我和弟弟从厂车上下来，去我姥姥家。我们老是去我姥姥家度周末，不是亲情使然，探望之外的更重要目的是，我们要去洗澡。

那时候的冬天，没有取暖设施，在家里洗澡，是不可想象的事儿。我妈也想过办法，在家中架起一个塑料薄膜做的浴罩，有点儿像蚊帐，澡盆置于其中，试图让热气挥发得慢一点。但事实证明，这只是一厢情愿，热气流失的速度未必变慢不说，挥胳膊伸腿时，一不小心，那塑料薄膜就会贴到皮肤上来，像一层冰冷的蛇皮。

只能是去澡堂子。报社大院附近也有澡堂子，私人开的，面向社会，三教九流出没其间，像我爸妈这样的"公家人"，多少会有些嫌弃。纺织厂的澡堂子相对单纯，也便宜，便成了不二选择，我妈下了早班或夜班后，会端着大盆，带着我来到澡堂子——我弟弟交给对门的叔叔照应。

纺织厂女工众多，女澡堂也宏伟，一长溜的淋浴头，雾气蒸腾中，站在这头，看不到那头。我妈带着我，寻找空位子，或者根据洗澡的流程，判断淋浴头下的女人，是否接近尾声。通常，打肥皂（我们管香皂也叫肥皂）是最后一个环节，身上覆盖着一层白色蕾丝般的泡沫的女人，一定快要洗完了。

这寻觅的过程，让我有足够的时间来打量那些女人。她们大多是已婚女人，不少像我妈这样带着孩子——女工们通常结婚较早；身上大多有赘肉——我妈说，如果不下劲儿吃，就跑不动，那赘肉，是劳作的身体下意识地启动了自我保护程序；不少人的身体上，还有一条蜈蚣般的深色竖形疤痕，剖腹产留下的疤痕。

很多年之后，我也经历了一场剖腹产，因为不是疤痕体质，且是横切，那疤痕渐渐地就看不清楚了，我依旧略感遗憾。但在许多年前，水雾里，那些带着疤痕晃动的白亮身体怡然自得，让我感到，疤痕已经与她们融为一体，与她们不完整的生活融为一体，那些疤痕让我知晓，生活就是这样，在创伤中逐渐安稳，我们不可以，对它有太任性的要求。

在澡堂子里，我妈经常会碰到熟人，她们互相援助，让还没有找到空位的对方，暂且在自己的淋浴头下存身，互相给对方搓澡，给对方带来的孩子搓澡。有一次，我妈遇到的那个女人特别热情，拉着我问长问短，帮我搓背。出了澡堂子之后，我妈说，那是你爸当年的对象。我不由为自己背上那厚厚的污垢，对我爸和我爸那已经逝去爱情感到抱歉。

爱慕里的迫切

我再大一些时，就不大愿意去纺织厂洗澡了。毕竟太远，我姥姥又太啰唆，最重要的是，我爸发现了一个很近又很“规范”的去处：军分区澡堂子。

军分区澡堂子，是对外开放的，但知道这一点的人不是很多，去那里洗澡的人就少。第一回，我去得很早，进去之后发现，就我一个人，虽然清凌凌的一池好水赏心悦目，但是，脱光之后浮在水面上，总觉得危机四伏，房檐窗框上都是眼睛，过了好一会儿，才见女人们陆续进来。

与我妈厂里的澡堂相反，军分区的女澡堂很小，去了几次之后，有几张脸，看得熟悉起来。有个高个子女孩，浓眉大眼，鼻梁挺直，下巴尖尖的，长得可谓标致。但我听到她在澡堂里公然谈论她的“个人问题”，说自己还没有对象。有人用不能理解的口气恭维她的美貌，她说她也正为此烦恼，作为一个美女，她的单身使得她处处显得可疑。她大着嗓门在一堆陌生女人中诉说这烦恼，我当时就很容易理解她的问题之所在了，她看得上的男人，只怕都很难爱上她一览无余的大嗓门吧。

相形之下，另一个经常出现的女人更耐人寻味。她的脸不算漂亮，单眼皮，眼睛细长，却有一种简洁之美，衬着那个大嗓门美女的脸，都失之于啰唆和用力过猛了。

她的身材也很简洁，胸不算大，臀也不肥，腰肢也不特别纤细，但看上去结实而富有弹性，像是经常锻炼的样子。她身体上的神来之笔，是那挺拔的脖颈，许多次，我看到她仰起头，下巴与脖颈成一条优美的弧线，水柱重重地打在她脸上，水花晶莹，冲刷着她的短发，弹溅到她的肌肤上，我能够感觉到她的快意。仿佛，是她的灵魂，在经受着这样一场强有力的冲击，我不由想，她一定是正在恋爱中吧。

有一次，我们一前一后离开洗浴间，来到更衣的区域。我看见她一件一件地穿衣服，那内衣，正如我想象中那样考究，她穿上了白色的棉毛衫，套上黑色的高领毛衣，跃进蓝色牛仔裤里，她的外套，是一件米色的风衣，她系好风衣腰带，将擦得半干的短发梳整齐，走出门去。

我跟在她后面。那时刚过完新年，地上是初融的积雪与鞭炮碎屑混合成的泥泞，我跟在她后面——我并不是刻意要跟踪她，我正好也走那条路，可是，走在她身后，我的心思全在她身上。那爱慕里，还有一种好奇，我想看看自己将来会变成什么样，我希望自己会变成她这样的女子，我一定要变成她这样的女子。

那时候我多大？十六岁，还是十八岁？我只记得在许多个年头里，我迫不及待地想要长大，想要一脚踏进更加精彩更加炫目的另外一种生活。那种生活里充斥着各种元素，最主要的两种，就是美，和爱，不同寻常的美，和不同寻常的爱。

要做一个有故事的人

我还曾在不洗澡的时候见过她，或者，只是我以为我见过她。那天晚上，小城的电影院难得地放一场正经电影——通常我们经过时，大喇叭里都吵吵着港台录像的搏斗或呻吟声。

那场电影是《霸王别姬》，我爸单位发了两张电影票，我和我妈一块儿去看。我不能完全理解电影在说什么，但当张国荣那张浓墨重彩的脸浮在银幕上，眼神里的悲伤让我恻然。我原本不喜欢京剧，咿咿呀呀地听不出个所以然，可是它虚化为背景，那一声声长吟短叹，更增悲情。当程蝶衣拔出长剑自刎，段小楼一声惊叫脱口而出，便是曲终时候。灯光亮起，林忆莲的歌声袅娜而出：“往事不要再提，人生已多风雨，纵然记忆抹不去，爱与恨都还在心里。真的要断了过去，让明天好好继续，你就不要再苦苦追问我的消息……”我心中亦像是浇漓了一大片风雨，还想再听，我那排座位上的人，都不耐烦地推着前面的人朝前走了。

我背对着歌声，掀起厚厚的门帘，走到台阶上，远远地，看见一个穿着米色风衣的女人站在台阶那端，像是在等什么人，那风衣，那挺拔的脖颈，都酷似澡堂里的女人，我在心里，就把她认作她了。

她在等谁？她的情人吗？——我刻意没有用爱人或恋人这样的字眼，因为它们太常规了。在我那个年纪的，常规的感情，是让人提不起精神的，不过是一系列的流程，恋爱，结婚，生儿育女，从最初看到最后，没有一丝的跌宕起伏。

我宁可为她设计一段非常规的恋情，我要她爱上的那个男人不爱她，或者，不能够爱她，或者，不够爱她。他们说好了看电影，他没有来，她一直站在这台阶上等着他，她的风衣不时地被夜风掀起，脸色被灯光漂得苍白，飞蛾在她眼睫下奋力撞击着灯盏，像是上天存心给她这爱情一个暗示，她却一直站着，站在高高的台阶上，看着下面，像看一片黑暗的海。

也许，不，十有八九，不是这么一回事，可能她只是跟男朋友约好了，看完电影，他来接她。可能她根本就不是我在澡堂里遇见的那个女人——隔了那么远，凭着一个身影能判断什么呢？但我抱着我的想象，一抱就是很多年，与其说，我不能容忍她的爱情庸常，不如说，我不能容忍自己的未来的庸常，而我所谓的庸常，不过是平淡、安稳、确定，我想好了要与它们为敌，把自己打造成一个耐人寻味的人。

一九九四年，我离开家乡，去南方一所学校读书。宿舍后面就是女澡堂，出来进去的，多是住在那个校区的女生，绝少有生面孔。有一天，我去得很晚，还有半个小时就关门了，我快刀斩乱麻般地洗了个澡，出来时，看见一个老太太正在不紧不慢地穿衣服。

她已经穿好了棉毛衫，正在往棉毛衫上套假领子，八零九零后一定不能明白假领子这样东西，它是一件衬衫的局部，只到胸口，没有袖子，从外套的领口看，它貌似一件完整的衬衫，脱掉外套，才会发现它是那么滑稽。但在当年，假领子还算是时尚人士的爱物，意味着对于生活品位的顽强追求，它出现在这个老太太身上，简直让我肃然起敬了，高龄如她，实在不必将自己武装到领口。

我一出神就有点儿失礼，她也注意到了，竟然，朝呆望着她的我眨了眨眼。近乎顽皮的一眨眼，也将我惊住，赶紧收回目光，却用余光瞟到，她拿出一把精致的小梳子，一下一下，梳她花白的头，随着手势，她的指间有什么一再闪耀，看仔细了，是一枚钻戒。

在二十世纪九十年代中叶，钻戒尚未飞到寻常女人手上，而这个戴钻戒的老太太，有七十多岁了吧？我觉得不能再将她等闲视之。那么，她和她的钻戒，为什么会出现在我们这个女生宿舍后面的澡堂子里呢？我发达的想象力，马上给她设计出一套前尘往事，我想，她一定是来缅怀的。

她可能曾是这个学校里的一个女生，月白衫子黑短裙，黑发齐耳，步履轻捷，她可能在这里爱上过什么人，然后失散，她的人生又经历了许多事，有了丈夫和一堆儿女，但当她进入垂暮之年，越来越想回到这里，不只因为这是曾遇到过他的地方，还因为，她想在这里，与记忆里的那个风华正茂的自己相遇。

这样想着，我又认真地看了她几眼，我知道，我看的不是她，是我心中那个，未来将来的自己。然后，我们几乎是一起，掀开那个软塑料的门帘，走出澡堂去。

寂寞童年

惶恐的压迫

小学一年级的第一学期结束了，我领了成绩单和寒假作业，踢踢踏踏地走在长长的巷子里，脚上是一双非常神气的红皮鞋，我妈托人从上海带回来的，踩在石板路上哒哒作响，美中不足的是有点儿大。你知道，那时所有的妈妈都是这样对付孩子飞长的脚的，也许她们梦想着，孩子能把一双鞋穿到十八岁。

这个小问题被走在旁边的两个阿姨看到了，她们笑起来，说，这孩子的鞋子太大了。我于是甩了一下小腿，那两个阿姨笑得更厉害了，她们问我家住哪儿，我说报社大院，她们说，你认识某某吗？我说，她是我们家邻居。她们惊叹起来，说，其他小孩只会说，她住我们家旁边，而这个小孩用了邻居这个词，真是个聪明小孩啊。

受到这样的表扬，不得意是不可能的，我快活地和她们说了很多话，快分手时，她们告诉我，她们是剧团的，剧团离学校不远，就在仁里街岔出去的那条小巷子里，她们欢迎我去找她们玩，就说找谁谁和谁谁就可以了。

我怀着莫大的兴奋回到家，对我奶奶讲述这番奇遇，我受到了成年人的邀请，感受到从未有过的跨越年龄的友谊。但我奶奶撇撇嘴："说不定是人贩子呢。"我的情绪没受到多少影响，原本就没指望她能理解。我跑到外面去，张开双臂兜了一大圈，直到现在我还记得那天天色阴沉，像是要下雪的样子，却更适合作为底色，凸显我那种雀跃的欢欣。

但我没有机会接受那两个阿姨的邀请了，过完寒假，我爸带我去学校报名，我心中惴惴，寒假作业空了一大半，老师马上就会发现。然而老师并不接我的作业，她径直看着我爸说，这个孩子，还是退学吧。

她不需要细说理由，我这半年来的所作所为我爸非常清楚，但他还是止不住纳闷，为什么会是这个样子呢？

我的教育开发得算是早的，三四岁的时候，我爸就自制了很多生字卡片让我认，再大一点儿，开始给我买小学课本，如果他下班时发现我在读书，我就能得到小小的奖励。

那是一个物资匮乏的年代，我爸就买那种水果卷糖，一卷有十粒，可以做十天的奖品。有时我贪玩，听到我爸自行车的声响才会拿起书来，好几次弄错了，忙不迭地翻开书本，却听见姥姥和妈妈哈哈大笑。啊，她们扇炉子的声音和自行车的声响太像了。

星期天自然没法玩这种小伎俩，只有来客人时可以稍稍放松，但客人走了之后，我爸说，你为什么一来人就把书放下呢？为什么不让客人看看你是一个用功的孩子呢？我觉得我爸说得很有道理，下次再来人，我不但没有终止朗诵，还不停地跑去问生字，让正和客人聊得来劲儿的我爸不堪其扰。

不管怎么着，五岁那年，我已经把三年级的语文书自学完了，可以阅读像《三百六十五夜》这样的简单读物，我爸信心十足地带着我来到学校，由于年龄不足，还经过了一个简单的面试，我顺利通过，开始了我的小学生涯。

形势就此急转直下，我非但不像我爸预想得那样出类拔萃，反而成了一个糊里糊涂晕头转向的小孩，永远不记得布置了哪些作业，在试卷上画莫名其妙的花脸，不敢去厕所以至于常常尿湿裤子，还没到学期中间，课本已经弄得破烂不堪。几乎每天回来眼圈都是红的，说谁谁又打我了，其实人家不过是多看了我一眼。

我爸百思不得其解，试图改变这个状况。有一天，我在五斗橱上面发现两本崭新的课本，还有一只粉红色的电风扇造型的铅笔刀，我放回原处，开心地猜这肯定是给我的。果然，晚上，我爸把叫到他面前，让我坐下来，取出这些可爱的东西，但他的表情非常严肃，说，你的课本已经不能用了，你知道买两本课本要多少钱吗？要是换成大米，可以买这么一大堆。他比画了一个形状，又说，我给你买了新书，希望你能有个新的开始，不要这么糊里糊涂下去了。

我又惭愧，又振奋，最后，得到新书本的快乐占了上风。第二天我带着它们来到学校，同学们的眼睛都直了，她们（都是女生）围着我，叽叽喳喳地说着话，我很少被如此簇拥过，兴奋得轻飘飘的。放学时，悲剧发生了，我的新课本不见了，这是我第一个一年级里经历的无数恶作剧中的一个，我已经想不起那天是怎么回到家的，总之，我爸的激励教育失效了。

我就这么变成一个让老师和家长都头疼的孩子，他们有时批评，有时鼓励，但谁也没想过一个原本挺喜欢学习、头脑也还算灵活的孩子，为什么会变成那样一个很弱智相的小木头，时过境迁，我回想起这一切，倒是能理解那个可怜的孩子，她不过是因为害怕。

我提前一年上学，又是年底出生，在班上是最小的，很容易成为大家欺负的对象。

我至今仍然记得有个女同学笑眯眯地拿削得很尖的铅笔芯朝我脸上戳，我笑着。我笑是因为我不知所措。我还不懂得怎么对付这世界，即使遇到恶，也只是一缩再缩，每日处在惶恐的压迫下，不变成那样一个孩子，才怪呢！

苟且偷生

既然这样，我爸只好很气恼地把我领回家，接下来的半年，我都在自学中度过。奇怪的是，离开学校，我马上神清气爽，整个儿开了窍，回想起在学校的表现，自个都觉得不可思议。我跟我奶奶说，再上学的话，我肯定是三好学生，第一批少先队员。我奶奶照旧不屑，说，就会吹牛，用老话讲，你就是个回炉油果子。回炉油果子指的是留级，我奶奶的用词让我有点儿受伤。

第二年秋天，我爸又带我来报名，在新的班级里，我的成绩一路领先。有次，放学时，老师对一个同学的家长说，你们家这孩子，心就跟塞实了一样！又指指我，说，你看人家，一点就通。那家长正在唯唯诺诺，同学的姐姐在一边说话了：她是从我们班留下来的。这个新情况让我的老师很尴尬地沉默了，从此，我敏感地注意到，她对我的态度同以往有所不同。

我没有能够第一批加入少先队，第一学期结束时，班里选举三好学生，我看着我的票数排在前面，也没能拿到那张光荣的奖状。倒是第二学期，我的票数并不够，却当上了三好学生，现在想来，应该是那位老师就要和我们分别了，对我的喜爱最后超过了对于留级生的厌恶，她做出这样的补偿。

二年级的班主任还是语文老师，是个小老太太，因为慈爱，所以唠叨，有时我们上自习她坐在讲台上批改作业，嘴里会念叨出一些奇怪的词语，逗得大家哈哈大笑。她对我的感觉是又爱又恨，一方面这孩子老是不交作业，一问就是“忘了带了”，另一方面，成绩倒还好，尤其是作文写得不错。

那时的作文还叫小作文，无非是记一个难忘的人或者记一件难忘的事，老师慧眼识珠地从我所谓的作文里发现了几个她认为很漂亮的比喻。有一次，她选拔组长，轮到我所在的那一组时，她沉吟地说，你们这组选谁呢？闫红吧，成绩不错，作文写得也挺好，就是不爱交作业！最后，她还是定下了我做组长，可惜，后来还是因为“不交作业”问题，换成了其他人。

我为什么不爱交作业呢？也许是懒惰，也许是任性，也许是没尝到过按时完成作业的甜头——直到今天，我都不觉得那种机械式的写作业能够提高学习成绩或学习兴趣，老师总是让我们把一个词或句子写上三五遍，为了对付这个，有的同学掌握了同时握住三支笔写字的技术。

另一方面，也跟我爸的“督促”有关，通常我玩得正来劲儿时，我爸问，你作业写完了吗？他的口气里有大不满，我如果说没写完，可能要招来一声呵斥，我苟且偷生地回答：写完了。这句话截断了我继续写作业的可能，我要是再摊开作业本，我爸就会发现我撒了谎，又一顿呵斥在所难免。

所以，很多个晚上，我心惊胆战地玩着，接着心惊胆战地玩下去。

老师讨厌我

我一二年级遇到的这两位老师，自然都不够完美，也曾给过我小小的伤害，但我能感觉到，她们还是爱孩子的，即使不满，还是有爱打底，和我遇到的第三位班主任完全不同。

升入三年级，我们又换了一个班主任，第一节课，这位老师非常讨厌我。因为我老不交作业，因为我上课爱做小动作，因为我不是一个利索清爽的孩子——我一到教室就会把围巾手套全摘下来丢桌上，她多次批评，我屡教不改。反正，从三年级到五年级，充斥于我的生活中的，就是“请家长”、“请家长”……一个“请”字给这件事罩上了文雅温情的面纱，经历过它的孩子才知道，它多么令人不寒而栗。

首先，你难以启齿，不知如何措辞才能避重就轻，但不管你怎么说，一顿暴打是免不了的了。家长与你一同走在去往学校的路上时，那阴沉的表情可以称得上“冷暴力”，从老师那儿饱经羞辱地回来，是这场事件的高潮，一次暴风骤雨的大发作。我现在体谅着那孩子的心，真不知她如何才能承受。当然，我不能说自己完全无辜，不爱写作业肯定是个问题，可是，问题一定要这样解决吗？它几乎没收到任何效果。

那位老师对我的一切都看不顺眼，衣着、发型，以及各种各样的小动作，她把我的作文本甩到我妈脚下，说，看看你小孩写的作文，三言两语，字不成字，句不成句，话都说不好！她一定料不到我日后会靠文字吃饭。

我曾被她勒令停课反省，也曾被她在放学后关在空荡荡的教室里，有一次，我被她撵出课堂，却不敢走开，站在外面听讲。这时，我一年级的同桌跑到我们学校来玩，我们有过小小的友谊，第一次见面，他就拿出饼干请我吃。二年级时，他转了学，但他奶奶是这学校的老师，他常回来转转。现在我也弄不明白为什么他会在上课时候出现，只记得他笑笑地看着我，说，怎么被老师撵出来了？我无地自容！

这种状况持续了两年多，到了六年级，我突然患上了偏头疼，现在我已经弄不清楚当时是真的有病，还是为了逃避学校装模作样？头疼肯定是有一点的，但也没有严重到非停学不可的地步，现在我还是常常头疼，这已经成为常态被忽略不计，但在当时，我却抓住它，大做文章，想要休学。

我爸还在犹豫不决，班主任老师快乐地推波助澜了，她说，这孩子，是得休学了，她天天上课眼睛都睁不开，她以前眼睛多么有神啊！老师的侄女，我的同学在旁边补充，说，是啊，她以前眼睛那么大！老师笑了起来，说现在眼睛也不小，就是没精神。

这是这位老师说到我时，唯一一次露出笑容，尽管这笑容不无伪装的成分，背后藏着更深的厌恶和她不能出口的目的，可是，真的，这是她唯一一次像画片上的老师那样微笑。

我于是休了学，在乡下姥姥家待了半年，这半年对我一生都有很大的影响，它使我拥有了乡村背景，从而对于四季转换、草木枯荣非常敏感，我爱上了天空、河流与田野，以及这一切之后的无尽远方。

我们都是小豆豆

半年后，我回到学校，新老师对我很好，我的成绩也还不错，尤其是写作能力提高得很快，几乎每一篇都会被她拿到课堂上念。但是，有一次，我因什么事情和她发生了一点儿小争论，她不耐烦地说，你以前的老师就说，你这人特别烦！我立即闭上嘴，在心里将那个老师推远了。

然而，就是这位老师，告诉我后来的初中班主任，说这孩子作文写得很好，可以在这方面加以培养。这是我初中时的班主任告诉我的，我永远感谢她们。

我又上了一些年的学，遇到了一些老师，但我始终认为，能够影响一个孩子一生的，是他（她）的小学老师，小学生的年龄大多在六到十二岁，心地单纯，情感脆弱，遇到伤害没有自卫和化解能力，会把所有的压力放在自己心头，形成自卑胆怯的心理暗疾。

就拿我自己来说，至今，面对世界，我仍然信心不够，我常常不能确定，我是被欣赏被喜爱的。我躲闪，不大方，时时想抱紧双臂，尽可能地收缩自己，我怕一旦打开，就会迎来像我的小学老师施与我的那种冷眼。

长大之后，我有机会看到日本作家黑柳彻子写的《窗边的小豆豆》，这个小豆豆比我小时候还糊涂，一节课上能把桌子上那块板子开开合合无数次，上课时站到窗户边上，和燕子聊天，或是大声地和路过的宣传艺人打招呼，邀请他们过来表演，搅得全班同学都没法上课。老师忍无可忍，找来她妈妈，请她把“您家的小姑娘”带回家。

她妈妈装做什么事也没发生，带着她来到了一个叫“巴学园”的学校，这个学校的大门由两棵矮树搭成，教室是用废旧电车做的，最特别的，是学校里有一位可爱的小林校长。

他第一次见到小豆豆，就问她，你有什么话要对我说吗？小豆豆高兴得要命，她最喜欢说话了。于是她跟他说：刚才电车跑得非常快；以前那个学校里，有燕子的窝；上幼儿园的时候，曾经把剪刀放在嘴里，咔嚓咔嚓地剪着玩；爸爸很擅长在海里游泳，连跳水也会……当小豆豆一时想不出什么，停下来时，小林校长就问：“还有什么可说的？没有了吗？”小豆豆的脑子急速地转动，终于又想出来一些话题。她一口气说了四个小时，小林校长始终一副感兴趣的样子——他真的感兴趣。

这是一位以低龄教育为己任的先生。他发掘学生的乐感，研究韵律操，而不是用音乐课随便地打发掉；他想要提高患有侏儒病的孩子的自信，特别设计出一次适合他的体育竞赛，让他在每个项目上都得了第一；在那重男轻女的年代里，他对拉了小豆豆辫子的男孩说：要尊重女孩子，爱护女孩子；为了打消孩子们对于“鬼神”的胆怯心理，他让一些男孩子装成鬼躲在墓地里吓人，那几个孩子把自己给吓哭了，大家发现，原来“鬼”胆子也很小啊。他带着孩子们去野炊、度假、开茶话会，而每一次看到小豆豆，他都说：小豆豆，你真是个好孩子！

而在我的童年，从来没有人那样由衷地对我说：“你是一个好孩子！”有的人是不耐烦，有的人是不知道这句话的魔力，黑柳彻子详细地写了自己在巴学园里成长的过程，在那些细节里，你能听到拔节的声音，并且给自己那些陈年的伤痕小小的治愈。

那年夏天，我是
体操队里的何小萍

一个全身心笨拙着的人，也曾进过体操队。

我读小学三年级时，我所在的小城，要举行一场全市小学生体操比赛，体育老师到各个班级选人，她站在高高的讲台上，手指朝下指指戳戳，她指到谁，就好像有追光打到谁身上，那个被选中的人，瞬间就脱颖而出了。

这位老师以前没有教过我们，不然她不会忽然把手指指向我：“就第二排那个穿红衣服，叫啥名？”被她询问的班主任有点无措，说：“她不行。”体育老师说：“她身体不好？”班主任说：“那倒不是……”体育老师说：“那还能有什么问题，我看她可以。”

我现在很厚颜地想，一定是我小时候浓眉大眼，长相喜人。再者我当时在班里女生中算是比较高的，使得体育

老师对我高看一眼。她所不知道的是，我有多笨拙和失调，打小我只要一跑动，家里人就要笑，似乎我总能把两条腿甩动得别具一格，这笑容使我尴尬，动作就变得更加不协调了。

我是全身心地笨拙着，比如说我还没眼色。

我总是不能成为那种伶俐利索的女生，在班主任面前更是经常表现出一种并不可爱的茫然。许多个寒冷的冬日早晨她对我喊叫："为什么要把围巾手套放在桌子上？不能放到桌斗里吗？系在脖子上也行啊！要是全班同学都像你这样堆，教室里成什么样了？你在家你妈经常骂你吧？"

这样一个女孩，居然入选了体操队，确实可笑，但体育老师被我的外表蒙蔽了，热情洋溢地接收我，班主任也不好再说什么。就这样，我终于获得了一个为校争光的机会。

但体育老师很快就为她的感性付出代价，几乎没有一个动作我能做到位，我甚至都听不懂她在说什么，她说的那些动作，我总是很难想象，比着她的样子去做时，经常让大家笑成一片。

体育老师倒是没说什么，但是有一天自习时，班主任一时心情好，问班里的体育委员，大家练得怎么样，体育委员说还不错，却有一个女生大声说，除了闫红。

我现在都还记得，该女生姓舒，不常见的一个姓。她皮肤很白，头发天然地带点金色，个子很高，家境似乎也不错，因此优越感十足。在班里，她总是高昂着头，也会很突然地，将目光落到某个她觉得可以欺负的人身上，这个人，常常是我。

前面说了，我并不是瘦小的女生，但我长着一张邀请别人来欺负的脸。这可能跟我在家就老里是被人取笑有关，一个人被家里人怎样对待，就会被外人怎样对待，有些痕迹是印在脸上的，你出去，别人一眼就能看到。

扯远了，总之，这个女生一直把欺负我当成业余爱好，不过，那天她特地提出我不行，还有点势利的缘故。班主任被体育老师驳回，总是有点儿不愉快的。舒姓同学站出来“检举”我，无形中讨好了那位老师，可谓一箭双雕。

如今想来，这个舒同学很有表演天赋，她说完我“不行”，还当众示范了我是怎么“不行”的，老师同学都哈哈大笑起来。然后，老师说，闫红明天别去了，某某去。

那个某某就那么取代了我的位置。每天放学，路过操场正在做操的队伍，心里都有种虫噬般的惆怅，听到体育老师大声呵斥谁，那种感觉就更加钻心了，以前，那个主语总是我。但这惆怅还是随着时间渐渐地淡了，直到有一天，在放学路上，我又被体育老师喊住。

她说，三班的某某最近摔伤了，还是你来吧。我心里一下冒出了小火花，但又不敢着急高兴，我说，吴老师可能会叫别人来。体育老师洞察一切地笑起来，她说，没关系，你虽然练得不好，但毕竟练了那么长时间，临时换个新的，还不如你呢。我去跟吴老师说。

就这样，我重新回到了学校体操队里。进入五月，天气渐渐热起来，训练越发紧张，有时甚至要停课去练习。好几个下午，同学们坐在教室里，我和班里其他的体操队员起身离开教室去训练，脸上尽量做出“好累啊”“太烦了”的表情，似乎被强加的光荣会显得更光荣。

比赛定在六月一号，那天是星期五。星期四放学前，班主任说，天气预报说明天会下雨，要是下雨的话，比赛就延期，改到七月三号。大家依旧带着书包来上学，作业也要交。如果不下雨，就不用带书包了，排队去大广场看比赛。

那天晚上我没有写作业，一方面是拖拉的积习使然，另一方面，也出于一点小小的迷信，下雨就要写作业，那么写作业，会不会就意味着更有可能下雨？我不敢睡觉，在黑暗中睁大双眼，竖起耳朵听外面的动静，不敢有丝毫掉以轻心，怕一个不留神，雨就落下来了。

但最后还是睡着了，醒来就听到窗外雨篷上“啪嗒啪嗒”的声音，绝望瞬间把心洇湿了一大片。我起床洗漱背着我试图掩耳盗铃未果的空白作业本，走在上学路上，迎接比现实更加恐怖的暴风骤雨。

不说当天我怎么跟检查作业的小组长斗智斗勇了，反正体操比赛改到七月三号。我跟旁边的小伙伴说，没准七月三号还会下雨。

训练继续下去，六月底，期末考试结束了，体操队队员每天去学校，全天候训练。

体育老师把我们带到大广场上，六月底的骄阳打在脖颈上，小腿上，不断伸出去的胳膊上，打到哪里，就把哪里的水分吸收了。腿上没有汗腺，皮肤干燥紧绷，一刮就是一条白印子，倒给了我灵感，我当时极为羡慕成年女人穿的渔网袜，就用指甲，在腿上划出纵横的斜线，直到被体育老师一声呵斥："那个谁，你在干吗呢？"

每天都要喝大量的水，但鼻子里还是结了血痂，一抠就是一块，却有种奇怪的满足感。

如此艰苦卓绝地训练了许多天，终于到了七月二号，我们穿着学校特定定制的白衬衫、蓝裙子在大广场上进行最后的排练，天热得出奇，衣服一直湿漉漉地贴在身上，汗水不断地冒出来，那是我第一次知道，人原来可以淌那么多的汗。

体育老师皱着眉，看看天，说，搞不好明天又要下雨。

队伍不约而同地“啊”了一声，我的心倒是很平静，也许是上一次期待与失望都耗尽了，明天怎样都可以了。

第二天果然又淅淅沥沥地下起了雨，伸手推窗，与昨天不同的清寒之气迎面而来，我回到床上，昨天体育老师说了，今天要是下雨就不用去了。

整个小学期间，我再也没有被“挑出来”的机会，我灰扑扑地混在人堆里，怀疑自己天生平庸，同时又难以置信。直到读初中时，有一天，班主任对我说：“听说你作文写得不错，你写首诗在迎新生的大会上朗诵一下吧。”我在数学课堂上写了那首诗，后来得到发表，人生的道路不知不觉间被改变了。

几年前，在朋友圈里看到一篇文章，说小城里的老景物，其中有一张当年那个“大广场”的照片，黑白的，那操场远不似我记忆中的弘阔。除了一对可怜的单双杠，就是中间那个小戏楼一样的两层建筑，涂刷得很斑驳，里面的砖块都露出来，简陋之极。

记得当时，体育老师就站在二楼上，声音洪亮地发号施令，她告诉我们，评委们也会那样居高临下一一审阅全市所有小学的体操队，我们的每一个动作，都会被看在眼里，所以，我们必须努力将每个动作做到位。

这使我们紧张，使我们力求每个动作都达到完美，而我知道自己的笨拙，知道这机会的来之不易，一招一式里，有着讨好者的用力过猛，内心时刻都处于备战状态，但这一切，都被两场不期而至的雨消解掉了。

我那时还不知道，人生里有许多次，大抵如此。

那段不奇幻的漂流，将我变成写作者

（一）

小学六年级上学期，我忽然患上了头疼病，我爸带我遍访小城名医，还去拍了脑电图心电图，都没有找出问题。

我做过针灸，喝过苦得叩问灵魂的中药，收效甚微，我爸为此苦恼不已，也有点怀疑我是在装病。

但是班主任为我作证。她跟我爸说，这孩子最近是挺不精神的，那么大的眼睛，现在都睁不开了。我爸提起医生建议我休学，她坚定地说，休学吧，不然，一个好好的孩子给毁了。

我这才知道，我在这个老师眼中，居然也是个“好好的孩子”，而且她也担心我给“毁了”。

她曾无数次地让我请家长，叫我妈把我带回家，后来跟同学解释说，她没有把我开除，是因为我妈差点给她下跪。如今我已经不知道她怎么就这么容不下我，我虽然糊涂、拖拉，经常把自己弄得脏兮兮的，成绩也不好，但天生胆小，也不至于恶贯满盈啊。那种被厌恶感，是我人际关系里最初的阴影。

在她希望我离开时，我终于成了一个“好好的孩子”。我爸似乎没有意识到这一点，他的那点纠结，被她的“良言”打散，寒假开始之前，我爸带我去办了休学手续。

那个寒假我的日子有点难过，我爸虽然从善如流，内心也不是不疑惑和失落的，我妈干脆认定我是装病。说实话，我当时确实经常头疼，但没到需要休学的程度，对于各方面的怀疑，我也有点心虚。

就在这时，我姥姥从乡下来了，来过年，元宵节后回去。

我打小和我姥姥在一起生活，对那段时光存有美好回忆，就要跟她去乡下。我妈原本不同意，架不住我的眼泪汪汪，和我姥姥的施压，只好答应了。

临走那天，我妈送我们到汽车站，在寒风里替我翻了一下滑雪衫的领子，笑着说，怎么像个没娘的小孩一样。

那是件红色的滑雪衫，我上一年级时，我妈托厂里的上海人带来的，当时长及膝盖，现在袖子都短了，一大截手腕露在外面，从我妈的眼光看过去，难免有着凄凉的观感。

但我是快乐的，被西北风吹得不住吸溜鼻子，也不妨碍我的快乐。

（二）

我跟着我姥姥，坐汽车到县城，滞留了数日。我姥姥还要办点事，托一个表姨把我带到她乡下弟弟家，在我姥姥回来之前，那表姨都陪我住在那里。

那是一九八七年，我所在的地区百分之七十的乡村都没有通电，但这并没有给我造成多少困扰，相反，我一下子就喜欢上了煤油灯的气味，以及它摇曳出的气氛。

我姥姥有三个弟弟，表姨是中间那个弟弟所出，另外两个弟弟因为成分高，成了老光棍。

现在一说起老光棍这个词，总隐隐怀有暧昧的恶意，但我两个舅姥爷都是本分厚道的庄稼人，在村里人缘极好，加上家里没有精打细算的主妇，天一擦黑，他们家就成了村里人的活动中心。

来得早的，先据要路津，斜躺在那张破而大的床上，来得晚的，也有同样破的长条板凳可坐。煤油灯的光焰在床头木箱上跳动，舅姥爷免费提供的烟叶，在许多个铜烟锅上忽明忽灭。收音机里播着“全国报纸新闻摘要”或是刘兰芳的评书《岳飞传》，他们有时候安静地听，有时候会随口聊点什么。

比如庄稼，雨水或是阳光，也谈陈年旧事，村里所有人的历史，都为他人所洞察：

谁曾去过北京，谁的儿子媳妇不孝顺，谁当年曾经与谁缔结婚约，却被不可思议的原因拆散，以及，谁家的女儿去县里看电影，路上被人强暴。施暴者是那一带出了名的痞子，数日后，他暴尸玉米地里，公安来调查，人人一问摇头三不知，这样一桩命案，居然也就这么不了了之了。那女孩的哥哥，后来去了新疆，再也没有回来。

这等大事，被村里人讲得风轻云淡。

白天村人下地，孩子们上学，时间铺展在我面前，任我安排。我将家里带来的书一遍遍地看，那时候书是罕物，大家都习惯将一本书一读再读。

如此这般地过了一些天之后，我姥姥回来了，她有把生活瞬间变得喧哗的魔力，带我串门，走亲戚，她与后庄一位长辈交好，过个三五天，我们就去那长辈家走走，有时还会住下来。

那长辈的丈夫是个老师，儿女都一直在读书，是前后庄数得着的体面人。他们对于能说会道的我，激赏有加，而我，也惊喜地在他们家，发现了很多我从未看过的书。

我以前所读有两种，一是少儿读物，如《童话三百篇》《三百六十五夜》等，还有一种，是我爸揠苗助长般地硬塞给我的，像《三国演义》之类。前者对于当时的我过于低幼，后者我虽然也煞有介事地读过一部分，一定程度是虚荣心使然，而且只挑出有女性的部分来看。

这位长辈家中的藏书则不同，都是些小说，比如戴厚英的《人啊人》，路遥的《人生》，苏叔阳的《故土》，韩静霆的《凯旋在子夜》，等等。

我甚至还找到一本琼瑶小说，叫《剪剪风》，不是书，是手抄本，出自那位长辈在外地读大专的儿子之手。一行行淡蓝的钢笔字，将全文抄在白皮笔记本上，封面上则写着“精神食粮”。

应该说，我当时读到的，都不是一流作品，但它们将生活与阅读打通。在过去，无论是看童话还是看《三国演义》，我的阅读都如隔岸观火，看个热闹，现在，阅读还能提供别处真实存在的生活，让我一边看，一边遥生神往之心。

（三）

我和生活本身之间的屏障也被谁突然抽离。在过去，我看似愚钝，却也是时刻耳听六路眼观八方的，但我收集那些海量信息，似乎只是一种不自觉的行为，我与生活之间，隔着父母老师，隔着我的“小”，在乡下那些无所事事的日子里，动辄遇到生活的真身。

比如在河边，忽见满树桃花，夭夭灼灼，触目惊心。我以前也曾在公园看到过桃花，工作人员将它种在那里，它就该在那里开花，开花于它，也算是事务性工作吧。可是这小河边，这桃花无主，自说自话，忽然胡乱那么一开，就开得如梦似幻，这，让人到哪儿说理去？

还有下雨。城里也下雨，但跟乡下的雨一比，根本不配叫作雨，没有那么一种劲儿，即使是传说中的三月小雨，在乡下，也有着恐怖的威力。

疾雨如鞭，院子里瞬间积了水，水花互相追打，有作恶的快意。一场大雨能将全村人封锁在家中，即使终于雨停，也不意味着重获自由，你知道什么叫“泥足”吗，鞋子踩在泥地上，被恶作剧般地一再拽下，就算鞋子足够紧，走不上三五步，也会粘上重重的一大坨，拖得你步履蹒跚，咫尺成天涯。

孩子们都不喜欢下雨，但有一次，是需要雨水的时节，它却摆起了架子，久不光临。田野龟裂，禾苗蔫萎，男人端着碗在村中心的饭场上吃饭，“下雨”成了高频词，他们回忆某年某月的干旱，脸上是对现实的忧怖，这情绪传染了孩子，大家都觉得下雨是一件大事了。

我们喜欢生活里有点大事，我们像大人一样谈论并盼望下雨。

最后雨水在某个下午突然落下，雨点如深色花朵，点染在小伙伴们的肩膀上。正在割草的我们，片刻惊疑之后，不约而同地把篮子抛向天空，碎草如礼花，是我们的小仪式。

雨点重重打在肩背上很好，被淋成落汤鸡也很好，我们奔跑着穿越雨幕，在村口，有个女孩碰上了她父亲。那男人面色沉黑，喝道：“你看你，像什么样子！”女孩乖乖跟着她父亲回家，这一幕让我沮丧，被盼了这么久的这场雨，不值得为它忘我地快乐一场吗？

我也记得那阳光，在许多个春天的正午，我听见它如蜜蜂般哄哄然闹响；它也有气味，六月里，它将麦子焙香，也被麦香熏染；它还有色泽，有时是蜜色的，在院子里波浪般荡漾，有时又掺进了一点苍灰，在黄昏的旷野上。

后来，我也曾在城市里偶尔与这样的阳光重逢，他乡遇故知般，被唤醒许多过往。

不再相逢的是被流星划过的夜空。入夏之后，村里人都将竹床搬到外面睡，有人经过，就互相招呼。这种开放式的睡觉方式，新奇得让我无法睡着，有许多个夜晚，我大睁着双眼，面对夜空，常常看到流星坠下，不太快，好像坠落得也不很远。我真想撵上去，看看它在地球上的样子。

当然，乡下也并不总像悠缓的田园诗，某些时刻，气氛突然被旋紧，孩子们啪嗒哒的脚步，将诡异的兴奋带进每一家——大人们确认一桩新闻事件发生之前，通常会派孩子去打探消息。

那一次，是一个曾被拐卖在这里的妇女回来了，探望她的两个孩子。

这事听起来不近情理，放在吾乡背景下却不稀奇。女人是从四川偏僻之乡被人“带”来的，那人之前将吾乡描述成了天堂，答应帮她寻个好婆家。到来之后，女人这儿发现比他们家乡也好不了多少，她落脚的这家尤其惨。

一开始她也又哭又闹寻死上吊的，后来，她的“婆婆”说话了，说，闺女，你这都出来了，回去也寻不到好人家了，还不如在俺家住下来。过两年，你生下一两个，我去帮你跟××说，让他这次好好地帮你找个人家。

女人知道这家为自己花了“巨款”，也只得这样了。她婆婆倒也说得出做得到，这女人生了俩娃之后，她托人给女人找了个开私人诊所的老光棍——此人也是因为家庭成分高沦落成了“剩男”。

女的倒是有点舍不得孩子了，但实在过够了穷日子，一咬牙，跟那男人走了。

这事儿发生在我到来之前的秋天，村里人说起来，就像是说一本书，羡慕者有之，骂这女人心狠者有之，表示理解者有之，夸赞女人之前的“婆家人”仁义者也有之。大半年后，这女人再度出现在村口，满村都是熊熊燃烧的八卦气氛啊，在不通电的年代里，上哪儿能看到这么一场跌宕起伏催人泪下的真人秀？

我也跟了村里的孩子蜂拥至“前婆家”的院门，但见一个高大的女人坐在堂屋里，谈不上好不好看，表情木然，女人们围坐在她旁边。我还没看清楚，有人上前把门一关，啥也看不见了。

（四）

我在乡下过了四个月，我爸妈托人带话了，要我姥姥把我送回去。说是开学在即，需要收收心了。

我回到了城市，情绪饱满地，不知怎的，我觉得我接下来的日子会不一样，我不知道是什么让我有这种感觉。

新的语文老师对我不错，她很快发现我善于表达，我喜欢描述，尤其长于景色描写，这在小学生里是罕见的。老师把我的作文在班上念，有次她帮隔壁班的语文老师代班，还拿到那个班里去念，我在学校里有了点小名气。

老师让我谈谈写作文的经验，我站在课堂上，不知道说什么好，也许说了要多看书之类，但我知道那不是主要原因。

如果我能够穿越回去，我想说，是那段不用上学，也不在父母统治下的生活，帮我急促与现实之间建立起了一种间隔，一种缓冲，我逃出我的无力感，逃出那些也许并无恶意的压迫，缓慢而自觉地，和生活彼此诚挚以待。

我还想说，在乡下的这段并不奇幻的漂流，打通了我和世界之间的最后一公里，我像是穿越了漫长混沌的甬道，终于找到出口，光线涌进来，周围变得透亮，我看得见也听得清，我很想对人说，我都看到和听到了什么。

而写作，就是想对人说点什么啊。

当那愿望被激活，就像火焰不再熄灭，一直到现在。这些年我遇到许多问题解决许多麻烦，我曾心灰意懒，又总能让自己鼓起勇气。我写了很多字，有的还可以，有的很一般，我逐渐成为资深写作者，依然有着讲述的热望。我真的要庆幸那次的被激活，让我，毫无预兆并歪打正着地，与我最喜欢的这件事相遇，虽然，那场漂流，给我的还有很多。

两个吃货的小友谊

半透明的麦芽糖

在网上看到一个段子。当一个吃货对另一个吃货说：“我们一起去吃啥啥”的时候，一种天然的默契就会像烟花一样在他们的头顶绽放，两双满含“口水”的眼睛闪闪发亮地对视。只等另一个吃货兴奋地说道：“听起来就很好吃呢”时，默契达到高潮，然后两人手拉手出门，场面的感人程度堪比婚礼。

这，说的不就是我和吴琼吗？

吴琼是我的小学同学，她父母都在合肥，工作忙，把她寄养在爷爷奶奶家。我们上学放学都要从仁里街穿过，开始两个人各走各的，不知不觉就走到一起，成了好朋友，让我们的友谊在一定程度上具有排他性质的是，我们俩，特别馋。

二十世纪八十年代初，所有的小学门口，都蹲着几个小贩。比较固定的那两家，挎的竹篮最大，稳居于大门两侧的“黄金地段”，有种“坐地户”的气闲神定。其余皆是游兵散勇，拎个小竹篮，各小学之间流动，但篮子里常有些新奇品种，带来不一样的惊喜。

每个篮子里都有几样基本款，比如糖稀。熬化了的麦芽糖，装在搪瓷缸子里，你给小贩一分钱，他拿根小棍，在那缸子里搅一搅，提起来，随着他手臂的抬高，半透明的麦芽糖，扯出长长的丝，八十年代的阳光从那纹理清晰的糖丝里穿过，像琥珀，又像外国少女淡金色的秀发。

小贩的手扭几下，让糖丝缠在上面，递过来，便是一分钱的甜蜜。假如，我是说假如啊，你还能再找出一分钱，就可以多一种方案，你可以再买两张“糖焦馍”，淡黄色的麦面薄饼，烘得脆而薄，糖稀在其中一张上面抹开，两饼相并，咔嚓一口咬下去，麦芽糖质地柔软但甜得清坚，麦面薄饼脆得毫无抗力，却甜得极其质朴敦厚，两者你中有我，我中有你，瞻之在前，忽焉在后，在舌头的不同部位，形成丰富的冲击，最终混做一体，顺喉而下。

两分钱可以买一纸包五香瓜子，三分钱可以买一包配送小勺的酸梅粉，上课上到不耐烦时，趁老师转身面对黑板，飞快地舀一勺放进嘴里，又酸又甜还微带中药味的刺激停留在舌尖上，生动了一小截一小截的时光。

也有高档货，小石榴或油炸小螃蟹，须费一毛，我们绝少问津，小孩子没钱，对性价比特别敏感。一年级时有一天我从我爸的公文包里摸出五毛钱，放在口袋里，像带了一团热炭似的带到学校里，买了一只石榴，放在桌肚里，上课的时候小心地抠，苦涩不堪，还让衣襟上染了一小片洗不掉的黄渍，被我妈拎着耳朵质问。

有个阴雨天，一个年轻人到我们学校门口卖砂糖块。跟军棋棋子差不多大小，再薄一点，平铺在一个扁扁的玻璃盒子里，玻璃纸独立包装，里面还有个明星的小照片，翁美玲，米雪，张曼玉们美丽地微笑着，有的还歪着头。

糖块一分钱三个，物美价廉，那年轻的小贩，和气地跟我们说话。我们蹲在他跟前，挑挑拣拣，过来过去的雨伞将水滴到我们头上，我们也不在乎，直到上课铃响起，才冲进教室。后来每到下雨天我都会惆怅地想起这个小贩，但他却昙花一现地消失了。

还有一种零食没这么有趣，只因偶尔闪现引起了我的注意。它弯弯绕绕，像山芋藤，又像植物根茎，能嚼出甜甜的汁。我并不很喜欢那味道，对小孩子来说，它的甜味偏

"清"与"轻"，不够酣畅淋漓。

上初中之后，我没再见过它，很多年之后，毫无来由地想起，只因它彻底得那样消失，而我又忘了它的名字。我跟人打听过，描述得语焉不详，对方自然无法领会。直到有一天，收到熟人寄来的一本书，看他这样描述一个叫作"拐枣"的东西：

这东西长得挂怪的，拐来拐去的跟枣根本扯不上，黑乎乎的倒是有点儿像鸡爪子，而且大小粗细都很相近……成熟时呈黄褐色或棕褐色、紫红色，膨大呈肉质状，有许多曲里拐弯纠缠不清的分枝。其味甜而涩，经霜之后，涩味尽去，咀嚼之下尤觉甘美。

看这描述，已觉得有八分相似，去百度它的图片，可不就是！我心里如有一块石头落了地，一个缝隙终于被填满。

羊肉串

我已忘掉吴琼是否也曾流连于这些竹篮前，但我们的友谊，是在仁里街上碰撞出来的。仁里街上有个小铺子，卖简单的文具与零食，这家零食的花样不多，却有一样能引起我们持久而强烈的兴趣，那就是，牛肉干。

我曾在邻居家见过牛肉干，他们家男孩一手握着一个纸袋，另一只手拈出深棕色的肉干，举过头顶，再仰起头，将嘴巴迎上去，似乎不以这样一个大动作，不能体现它的各种美味。那种牛肉干不特别结实，飘洒下许多粉絮，让那味道更显奇幻，可望而不可即。

他爸是省报驻地记者，每次下乡都能带回些新奇货色，香蕉、桂圆、牛肉干等等。我爸也是记者，市报记者，有时也能混到点儿麻油、椿芽、咸鸭蛋之类的东西，省报市报的差别在这里体现出来。

市面上很少会见到牛肉干卖，就算有我妈也未必给我买，所以，当它突然地出现在那个小铺子上时，我的心猛烈地跳了几下，有一种如在梦中的不真实感。

吴琼站在我旁边，问我，你有没有钱？我摸摸口袋，找出九分钱，她口袋里，正好有六分钱，牛肉干一毛五分钱一包，我们俩合伙买了一包。我出的钱多，有了将牛肉干握在手里的权利，我们一边走一边小心地吃，牛肉干又香又甜又辣，牙齿磨切时，是肉类特有的质感，真好吃啊！我们不时瞟一眼过往小学生的表情，希望能看到更多的羡慕。

就此成了惯例，口袋里有点儿零花钱，就攒着，凑在一块儿买牛肉干，直到，羊肉串横空出世！

三年级那年，街上开始有卖羊肉串的，主要是出现在人民剧场一带，仁里街中间岔出一条巷子，正通往人民剧场，放学时，会有好热闹的小孩绕到那里，将瓜子摊水果摊以及看电影的人们一一看过来。我不记得关于羊肉串的消息是他们带回来的，还是我和吴琼偶尔经过，不期而遇。

我们看见了羊肉串，铁签子串着，躺在炭火上，肥瘦搭配，红白相间，乍一看平淡无奇，那炭火也是有气无力的，不冷不热的样子。但只要你稍稍有点儿耐心，就会看到小贩挥动起他的破扇子，扇出灰色的烟雾，炭火开始变得明亮，火舌不均匀地舔着肉串，原本是白色的肥肉部分，逐渐透明。金色的羊油渗出，给肉串上了一层光，当油脂滴在炭火上，会冲起一蓬令人喜悦的火焰，小贩时不我待般捻起一撮辣椒孜然粉撒在上面，那香味简直勾魂摄魄。我从来不知道，有一种烹饪方式，可以令羊肉如此焦香又如此鲜嫩，调动出它能实现的极美。

是的，我们准备买牛肉干的那一毛五分钱，现在换成了羊肉串，羊肉串本来是两毛钱一串的，不知道小贩是觉得两个馋嘴丫头眼巴巴地站在旁边挺可怜，还是放长线钓大鱼，破例以一毛五分钱的优惠价卖给我们一串。

从此，我跟吴琼凑够两毛钱，就绕到人民剧场门口来一串，你一块我一块地分吃掉。小贩又推出优惠新政，五毛钱三串，这就让我们时常处于纠结中，是拿手里这两毛钱先去解解馋呢？还是攒够五毛钱痛痛快快地吃一顿，有时我们着眼现在，有时我们咽下口水，图谋更幸福的未来。

这个馋嘴双人组，也曾经历过解体的危险，小女孩在一起，难免拌个嘴呕个气，忘了因为什么，我们就不说话了。我看见她和别人走在一起，我也赌气另外找了个伴，我的新伙伴是个脏兮兮的小丫头，既不和我同路，口袋里也没有零花钱，正因如此，她特别珍惜我买零食带她吃的好时光。为了让这种好时光延续下去，她在我面前大说“前任”的坏话，悄悄指着正在舔一块冰糖的吴琼对我说：“你看她馋成啥样了！”我看了一眼，并没有快意，倒有些许心酸，好在，很快我和吴琼就恢复了友谊，第二天，我带了一大把冰糖给吴琼，我奶奶好这口，我们家最不缺这个。

三年级结束的那个暑假，我攒了一小笔零花钱，舍不得花，想带到学校里，和吴琼凑一下，一人买一支花脸雪糕——当时它刚刚流行。开学那天，我兴冲冲地来到学校，却听说，她已经转回合肥去了。从此，我再也没有见过她。

长大之后，我来到合肥工作，偶尔也想，会不会遇到她，有次我预约办理提取公积金需要的证明，电话那端的工作人员说她叫吴琼，这使我出门时很怀了些期待，等到了银行才看到，柜台后面的那个女人，根本不可能是。

人这一生就是这样，会有一些人，以各种理由，与你亲近，然后迅疾消失。但是无论如何，还是应该让我们这两个小吃货好好告别一下啊，毕竟，花脸雪糕，比羊肉串，更适合做一段幼稚的小友谊的闭幕道具。

颍上

我姥姥这一生的爱与苍茫

一

接到姥爷去世的消息，我驱车奔赴老家。

灵堂设在最小的舅舅家，我到时天已经黑了，跟院子里坐着的亲戚寒暄过，走进客厅，看见我妈。她悄声对我说："你看你姥可多事？她也要来。"我讶然，说："她来干吗？几个舅舅不会同意吧？"我妈迟疑着说："那倒不会……"

我看出来，对我姥姥要来这件事，我妈虽然不赞成，但也不很反对，似乎还隐隐有些同情。我转念一想，也是，我姥姥跟我姥爷，毕竟恩怨了一辈子，起码对于我姥姥来说，我姥爷是她生命里最重要的人之一。

于是，我说："那我明早上去接她？"我妈说："你舅舅说他去接。"我便明白我妈已经安排好，她所以跟我有这句抱怨，不过是过不了她心里那一关，担心别人看着不合适。

当晚我去小姨家住，第二天一进门就看见我姥姥坐在客厅里，正对着冰棺，吾乡规矩，人去世后并不放在殡仪馆或者太平间，而是先拉回家，停尸两日，再送去火葬。现在是夏天，就租了一只冰棺。

隔着冰棺，我姥姥和我姥爷相对，上一次这样近的相对是什么时候？我姥姥进门时的第一反应是什么？脱口而出的，又是怎样的一句话？可惜，太晚了，现在我看见的我姥姥，只是眼圈红红地坐在那里，她旁边，坐着几个同样眼圈红红的老太太。

我很想问问我妈，或者跟别人打听一下刚才的情形，但也觉得这样太过八卦，便跟我姥姥问声好，我姥姥抬起眼睛，看了我一下，没作声。

我转了一圈，有点无聊，也不愿意老在那冰棺旁边，就走到院子里，在一排长凳里找了个空位子，坐了下来。

院子里的人都在说话，打招呼，出出进进，不算肃穆。似乎，我就没有参加过一个肃穆的葬礼，一次又一次，我都像是参加一个以吊唁为名的家族聚会。很多年未见面的人彼此相认，交换信息，混得好的，笑得再谦虚也显得人五人六，混得差的，脸上有着一眼就可以识别的卑微。这样的场合总让我索然，不知道该去哪里。

但我姥姥并不这样，隔着一小段距离，我听见她的声音在嗡嗡的人声里载沉载浮——她渐渐地缓过劲来，恢复了常态，不，应该说，比常态还要兴奋一点。我听见有人问她的身体，她提高嗓门回答："好，好得很，我要活到见五辈人呢！"

我知道我儿子是我姥姥的四辈人，我儿子出生时，她这样强调了很多次，她的五辈人，就是我那五岁小儿的子女。可是，我姥姥她，已经八十岁了啊！就算我儿子逆潮流而动，早婚早育，二十岁结婚生子，我姥姥也得活到九十好几！

这只是一个美好的愿望吗？她只是说给那些打酱油的亲戚听的吗？我怎么觉得，她那么大嗓门，好像也是说给躺在那里的那个人听的呢。我心中冒出不厚道的猜疑，我姥姥来这一趟是干吗呢？伤感应该有，怀念也应该有，可是，示威就未必没有，毕竟，他们那所有人都离开了，恩恩怨怨了一辈子的那几个人，只剩她，硕果仅存。

二

我姥姥十九岁那年嫁给了我姥爷，两年后，我妈五个月，他们离婚。多年来我致力于打听他们离婚的缘由，说法不一。

我姥爷说，我姥姥这个人不讲理，不懂事。那年他出差要去巢湖，我姥姥作为一个乡下女人，认为巢湖远在天边，我姥爷这一去将不复返，抓住他的背包带子，一定要跟他扯了离婚证再放他走。

我爸说，那是一九五〇年，离婚法刚刚颁布，满世界都在唱刘巧儿，政府不但鼓励自由结婚也鼓励自由离婚。而离婚这件事，是最不可以鼓励的，谁没有点幻想呢，谁会觉得自己的婚姻很完美呢？许多人趁势离了婚，我姥姥姥爷，也赶上了这个潮流。

和我姥姥有过节的我奶奶则说，我姥姥太凶，经常当着人家的面跟我姥爷大吵大闹，我姥爷他妈看不过去了，跟我姥姥说，男人是秤砣，虽小压千斤。你得给他一点面子。我姥姥当时没吭声，晚上什么事儿跟我姥爷说岔了，一脚把我姥爷踹到床下。隔壁我姥爷他妈听到咕咚一声，问咋回事，我姥姥高声答：是秤砣掉地上了！

我姥姥自己本人则说：是我姥爷耳根子太软，太听家里人的话。说他家里人都不是东西，非逼着他俩离婚。他俩其实从来没有拌过嘴。

把这所有的话放在一起，就能拼出当时的状况了，就是个风云际会的结果。我从小就知道我姥姥暴躁，据我爸说，当地人称“鬼见愁”，所以，大家对我姥爷跟我姥姥离婚，大多持理解的态度。

我姥爷离婚后又再娶，第二任妻子是个妇女干部，人长得挺好，但脾气似乎比我姥姥也好不到哪里去，结婚后跟我姥姥一碰面，算得上棋逢对手。

据说她们吵了很多架，按照我姥姥的说法是，每次都是她占上风，我没有听过她的对手的说法，因此并不怎么相信。再说了，就算占了上风又怎么样，人家老公孩子一大堆守着，你这边还不是带着一个闺女冷冷清清？

但要不怎么说“三十年河东转河西”呢，没有人能永远占上风。我姥爷的第二任妻子，我后来称之为孟姥的这位，爱说话，爱表态，在“引蛇出洞”那会儿说了些不该说的话，被打成了右派，组织上就来跟我姥爷谈话，要我姥爷跟她离婚，我姥爷承受不住来自组织上的压力，也就跟她离了婚。

年轻的孟姥被送去改造，那年春节将至，组织上容情，允许她回去过年。孟姥一进门，就被姥爷的家人赶了出去，唯恐她给自己带来晦气。我不知道我姥爷当时在干吗，反正跟着她出来的，只有她那三个可怜的儿子。

我一直想象那应该是一个大雪天，当然很可能不是，可是容许我这样想一下吧，天苍苍，地茫茫，淮北平原上的某个村落里，一个女人，带着三个孩子，不知该往何处去。天就要黑了，这个女人看见村口的某个小屋里亮起了灯，不由自主地，她带着孩子，快步朝那灯火奔去。

那是我姥姥家。

我姥姥离婚后并没有离开我姥爷那个村子，她后来跟我解释："这不是有你妈嘛，去要个钱啊干个啥都方便。"但我妈视找我姥爷要钱为她一生的噩梦，她不肯去，被我姥姥又是骂又是要打的，逼着出了家门。一步步不情愿地来到姥爷家门口，怯怯地进了门，闪过继母的脸色，立在她爹面前，喊上一声，垂了头不再说话。她爹叹口气，从口袋里摸出几块钱，给她，她拿回去交给我姥姥。

现在，孟姥不再是那个脸色黑黑的继母，她变成了一个可亲的女人，那年春节，坐在我姥姥家的煤油灯前，她更像是我姥姥一个落难的姐妹。好像，当孟姥出现在门口，与我姥姥四目相对的一瞬，一种新的关系就在她们之间生成了，这种关系，贯穿了她们整整一生。

年节三天，每一个夜晚，两个女人都在促膝相谈，直至鸡叫声响起，相同的命运将她们紧紧联系在一起。春节过后，孟姥继续回去改造，她的三个孩子，留在我姥姥家，由我姥姥照顾，很久之后，他们才被孟姥的家人接走。

三

孟姥后来得到平反，但我姥爷这时已经第三次结婚，据说也是“组织上”介绍的。孟姥一怒之下跑到我姥爷他们单位，砸掉了大门口的牌子，冲到走廊里，大喊：“姓王的你给我出来，把我的破男人还给我！”——姓王的是我姥爷他们单位领导，一直以组织上代言人的身份，劝我姥爷离婚，给我姥爷介绍对象。

姓王的哪敢出来，早从后门溜掉了，孟姥于是又去上访，跑到了北京，据说还成功地见到了某中央领导人，并获得对方的签字：请省、地、县三级政府调查处理！

县里领导硬着头皮找我姥爷两口子谈话，我姥爷再娶的妻子，我称之为施姥的，没有吵，没有闹，很安静，她说，你们说什么，我都没有意见，让老于表态吧，他愿意跟谁过就跟谁过。

懂得以退为进的女人是聪明的，哪个男人愿意放弃这种通情达理的女人，去选一个吵闹不休的女人呢？我姥爷对县领导说：“老孟跟我爹妈都处不来，家庭压力太大……”

“家庭压力”几乎是所有男人最堂皇的托词，历来适用。

孟姥从此与我姥姥联手，三天两头地跑到我姥爷家闹。我姥姥突然充满了荒诞的正义感，多少年之后，她还愤愤地跟我说，我姥爷所以放弃孟姥选择施姥，是因为施姥已经怀孕，她还说，这正是施姥格外偏爱她的大儿子的原因，要不是那个当时还在肚子里的大儿子，我姥爷肯定不要施姥了。

唉，我姥爷选择谁，和她有什么关系呢？她大概一直不能接受，我姥爷更爱施姥的事实吧。即使她没什么指望，她仍然在乎他的心，她一辈子没有再嫁。

我不知道，我姥姥为什么一直单身，应该不是她没有选择，虽然她脾气暴躁，但是，同样暴躁的孟姥，就顺利地嫁给了一个单身汉，那年月，拿工资的妇女干部还是挺吃香的。我隐隐也听说，曾有位丧妻的干部，向我姥姥提过亲，遭到拒绝。

总之，我姥姥独居了很多年，也许，她在漫长的独居生涯里，脾气越来越坏，刁蛮，跋扈，与各色人等因为各种原因而斗争，只有那么一次，我看到我姥姥突然弱小的一瞬。

那年我十来岁，在我姥姥家玩耍，我姥姥一个故人来看她，不知怎的，说到我姥爷，那个朋友是个很会说话的人，就说：“不管怎样，你还是老大。”我姥姥自得地笑了，那朋友又问："他经常来这吗？"我姥姥反常地降低了音调，说："来。"并轻轻地，碰了一下我的膝盖。

她这是在暗示我，却那么轻的一下，像是一种恳求，求我不要说出真相，求我帮助她，让她的朋友，误以为我姥爷一直与她藕断丝连。她只是要让朋友有这种错觉吗？还是，这些年来，她一直给自己这种错觉——我姥爷从来，没在她的生活里走远。

所以，她下劲地在以前居住的村子里争取一块宅基地，因为那是我姥爷他们家聚族而居的村庄，埋在那里，似乎可以证明，她还是于家的媳妇，她不是一个孤魂野鬼；她热情地接待我姥爷家的亲戚，有次居然抛却多年恩怨，把我姥爷他妈，她的前任婆婆接到我家来住了几天；她一直怨恨施姥多过孟姥，因为，施姥的存在，不由分说地证明，她所有努力的徒劳。

可是，听到施姥去世的消息，她没有说什么，叹了口气，随后，孟姥也去世了，我感到她的恐惧，她说："这是一个拽着一个啊！"现在，我姥爷也去世了，她内心该是怎样的百味杂陈，有笑到最后的骄傲吧？有独孤求败的惶恐吧？还有，面对着所有故人的离去，那种深刻的孤独吧？

四

跟遗体告别的时候到了，人们披麻戴孝，在院子里排成队，我和我妈他们，作为至亲最先进入，绕馆一圈时，我看见我姥姥坐在里屋。我们出来了，人们鱼贯而入，我姥姥颤巍巍地从里屋出来，站在客厅门口，人们绕棺出来必经那里，又是刚刚低首沉默过，不知如何是好的时候，少不得要握住她的手，说上点什么。

于是，在我姥爷的遗体告别仪式上，我姥姥俨然有了逝者家属的感觉，我看到她握住每一个人的手，脸上的笑容是羞涩的，仿佛在感受一种偷来的幸福。我突然觉得，我姥姥苦熬了一辈子，就在等这一刻，施姥死了，孟姥死了，我姥爷也死了，没有人能跳出来抗议，说她不能代表逝者家属，在我姥爷的肉体即将成灰之前，我姥姥获得她自己的圆满。

第二天，我姥爷下葬，那地方离我回家的高速公路很近，施姥也葬在那里。但我姥姥不会葬在那里了，她的那块地，建高速时被征走了，不过我也不愿意她葬在那里，如果只是施姥和我姥爷葬在高速路边，每次我回家的时候，会觉得是在与家族里的很多传说重逢，会觉得很浪漫。如果我姥姥也在那里，我会有点哀伤。因为，我是我姥姥带大的，她再怎么折腾，我也没法，把她抽象为故事里的人，我爱她。

洗手净指甲，做鞋泥里踏

施姥去世时，我有点儿惆怅，这个最会过日子的人，抛下她的日子，离开了。

她的会过日子，不是通常所指的精打细算，而是一种技术与艺术的混合，一种螺蛳壳里做道场般的精益求精，说得再世俗一点吧，她能用五百块钱，过出五千块钱的生活质量，这对于总是恰恰相反的我，有着巨大的吸引力。

少年时候，几乎每一个寒暑假，我都要到施姥家住几天。她是个淡淡的人，但对我还好，主要体现在，我在那里的日子，她总是带我一道去买菜。

她一路牵着我的手，遇见熟人，就跟人介绍："这是老大家丫头。"对方也忙亲切地寒暄几句，尽量做出寻常姿态，掩饰掉那种不合时宜的心知肚明。

她挺喜欢把我介绍给别人的，我能感到她淡淡的口气里，有着淡淡的得意。

当时的颍上县只有一条大街，铺着青石条，露水把它们濡湿，穿着塑料凉鞋走在上面，不知道在什么地方脚下就会一滑。县政府大院高高的围墙下，有老汉愁眉苦脸地蹲在那里，篮子里是微乎其微的几小捆蔬菜，这场景像一个预告，提示，真正的菜市就在前方。

那是一条纵深的小巷，两溜菜摊一摆更显得拥挤杂沓，天光尚早，还没怎么上人，菜贩子们忙着安营扎寨，如同即将沸腾的水锅，翻腾得很细碎。

施姥从第一家开始打招呼，她能喊出每一个菜贩子的姓，再根据对方年龄性别加上合适的后缀。对方大都满面笑容，跟她推荐自家最为新鲜的菜品。有入她眼的，她便拣起，称好，付钱，却并不拿走，两手空空地走到下一家。

肉摊在菜市最里面，肉贩子就像电影里那样满脸横肉，他的摊子前早就围了一大堆人，他仍然能够老远就冲着施姥喊一声“俺姨”，将一块粉嫩的猪肉，从里三层外三层的人缝里递出来，施姥按他的报价把钱递过去，在众人艳羡的目光中转身离开。

归途中，她将刚才买的菜一一拣入篮子里，呼应了起初布下的草蛇灰线。我这才明白她刚才为何空手而行，这样做不但更省力，还透出一种松弛的默契，一种排他性的善意，一种天长日久经营出的信任与相知，买菜这件家常之事里，瞬时透出人世间的绵绵情致。

我不知道她是怎么想出来，又是怎么做到的，却不得不承认，即使在买菜这种小事上，她都比普通妇女显得技高一筹。

除了会买，她还会做。我嗜辣，她就把青椒的内瓤掏出来，填进去鲜嫩的地锅豆腐，上锅蒸。雾气丝丝缕缕地溢出，青椒和豆腐不同的鲜香勾兑到一起，装盘，冷上一会儿，一大口咬下去，鲜香辣之外，牙齿还迅速穿越青椒与豆腐的不同质地，色香味之外，还有咬切带来的愉悦感。

她记得每一个人爱吃什么，即使饭桌上没几个菜，也会让你有丰盛之感。

仅仅是这样，还不足以让我敬仰，厨师也能做出美味佳肴，烹饪，不过是她诸多过日子的技能里的一个有机部分，让我叹为观止的，是她在收纳整理方面的杰出技能。

她的家，不算太大，却有宽敞乃至空旷之感。我想应该是两个原因，一是他们家的桌子、柜子、箱子上，都不怎么放东西，零碎物件都被规整起来了；第二则是，他们家不像大多数人家，会堆积许多弃之不舍的换代产品。

他们家的东西，一件就是一件，一用就是很多年。比如那两只人造革的单人沙发，我二十多年前就见它们在那里，普普通通，二十多年过去了，它们驻守原处，年年相见，并不见老，倒比别人家那些急吼吼的新家伙，多了一分安详；还有床头那台电视机，十二寸，黑白的，据说比我也年轻不了多少，但由于保养得当，并不显得颓唐，黑白分明的屏幕，也似有一种故意做旧般的艺术感。

而那张已经开缝的八仙桌，铺了一张玻璃板，每次我去，都见上面摆了应季水果，春天是枇杷，夏天有葡萄，秋天是石榴和柿子，冬天里中原小城没啥水果了，就摆上一盘洗得干干净净带着缨子的脆萝卜。上青下白的大萝卜，影影绰绰地映在擦出了通透感的玻璃桌面上，像一幅极富透视感的水彩画。

也有点心，在一个外漆斑驳但很干净的饼干桶里，她拿给我时，说是她去那点心作坊看过了，确定他们家很卫生才买的。她的这种洁癖也给我姥爷带来了小小的困扰，在她的照顾下，我姥爷都没法在外面吃饭了，路过饭店厨房时总是皱着眉头，有次坐长途车，路过的小店实在没法下脚，他只好买了两个白煮蛋，在路边蹲着剥开吃了。

但还是受益更多，比如说，我姥爷喜欢吃鱼，施姥和他结婚之后，就在家里备了两口水缸，其中一口永远养着几条随时待命（等待送命）的活鱼；我姥爷“好”（这个字读第四声）朋友，经常带三朋四友回家，最困难的日子里，施姥也能整出几个下酒菜，任他们喝得东倒西歪也无怨言。

在亲戚朋友面前，施姥从来都是轻声细语，给足了我姥爷面子，不像她的前任，也就是我姥姥和她的继任者孟姥，个个都是大嗓门，一言不合就吵吵，一个人制造的动静，抵得上一支队伍。

我这样自暴长辈家丑是不是不太好？其实我姥姥和孟姥都是刀子嘴，豆腐心，一肚子热心肠。但是好心肠也许是实质正义，好脾气却是程序正义，程序正义应在实质正义之前，不懂得这些的我姥姥和孟姥，因此先后与我姥爷离了婚。

当然，孟姥与我姥姥有点小小的不同，她和我姥爷仳离更多的是政治高压使然。一九五七年，上头要大家给党提意见，口无遮拦的孟姥针对她的顶头领导，大大地吐了一次槽，领导笑得很和蔼，那时，不满三十的孟姥，还不知道，有一种睿智，叫作引蛇出洞，有一种新的罪名，叫作“恶毒攻击社会主义”。

她很快被打成右派，下放到养猪场养猪。组织上力劝刚刚调入公安局的我姥爷离婚，并且很负责任地给他安排了新的婚姻。

几年后，孟姥平反放还，工作还是她的，男人已经不是她的了。重新恢复神勇的她，不肯善罢甘休，二话不说把县委的牌子砸了，要求“把我的破男人还给我”，申诉未果又跑到北京上访，竟然求得一位我至今犹觉如雷贯耳的国家领导人在申诉书上签字，要求“省地县三级政府调查处理”。

县领导不敢怠慢，但到底是人家的家务事，他找来我姥爷和施姥谈话，在我姥爷开口之前，施姥先淡定地退后一步，说：“这事儿，我听老于的，他的一切决定，我都接受。”

如果你是男人，你会选谁？施姥以退为进赢得了胜利，但她并没有从此过上幸福的生活。

我妈说，一开始，施姥对她也很好，但我姥姥经常上门去闹，她渐渐冷了心，我妈再去，就拉下脸，进了卧室，把门一关。许多年后，我妈完全能够理解施姥作为继母的不易，但孟姥所生的大舅不理解。有年除夕，他去看父亲，我姥爷很是冷漠，大舅愤然摔门而去，想要跳河，被邻居劝下。多年来，他和姥爷一家不怎么来往，而这种局面，他认为跟这位继母的存在有很大关系；二舅倒是跟家里还走动着，但是，有一次，他仿佛不经意间说起，小时候有段时间，他跟着他奶奶过，家门口的人都欺负他，他只敢夜里偷偷地哭，泪水顺着脸颊流入耳朵里，发了炎，到现在听声音都不太清楚……

而我姥爷说起那些年，就是觉得烦，他说被闹得受不了时，他曾想丢下这一大家子报名去新疆支边。那时穷啊，他说，那么多张嘴围着他，我姥姥和孟姥老去他们单位闹腾，他的升迁之路结束得很早。现在，他每天吃过饭，能打上半天麻将，安安生生的没人来找麻烦，这辈子也就这样了。

在施姥苦心经营的美丽时日之外，生活原是这样千疮百孔，而即使那样忙碌操劳，她依旧是寂寞的，寂寞到，有时会跟我这样一个毫无血缘关系的晚辈，谈谈她年轻时候。

她是真正的大家闺秀，到她的父辈，家中还有良田近百顷，但因为做人低调，受到的冲击有限，当县卫生局到学校招几个女孩子送到卫校培训以填充县医院力量时，她也顺利地被推荐。

她珍惜这个机会，卫校离她家远，每天她都早早出门，天还没亮，她拎着一盏马灯出门，经过街巷的拐角时总是战战兢兢，听到身后的脚步声，想看又不敢回头看。

跟我说起这些时，她的脸上重现了彼时彼地的紧张，以及在这紧张之上绽开的期望。她期望着通过这一步一步走过的暗路，到达鲜花盛开的明天，她期望未来的日子，能够皎洁如明月。那时，她应该是相信，自己的努力，能够赢过命运吧？也许，每一个女孩，都曾像她那样，在人生展开之前，又紧张又饱含希望地，握紧双拳。

张爱玲引用过一句话，“洗手净指甲，做鞋泥里踏”，说是觉得无限惨伤。看前一句，何其郑重，水荡漾在铜盆里，又细细剔净指甲，雪白的线，从银针里穿过，一针一线间，都是对于生活的情意。而下句却是这样粗暴，泥里水里踩过，有谁还会在乎，那每一个曾被斟酌过的针脚？用这句话形容施婘的一生，很合适。只是，命运对于施婘是这样，又对谁不是这样？不过因了她一生的努力与坚持，那种反差来得更为鲜明。

但换个思路想，她也是这样打败了她的命运，不管它分给她的人生是怎样喧嚣而寂寞，她都将它变成一个个庄重而有美感的时日。天大地大，说到底都没有过日子大，她那些精益求精的小日子，是她小小的后庭，用一个个楚楚动人的晨夕，帮她滤去前院的喧嚣，从这个角度来说，她与命运的对峙中，也不算甘拜下风。

世间的糖

她是最早出现在我记忆里的人之一，但我并不记得她的模样，只记得她两只手，轮番挤压着一块裹在纱布里的褐色物质。那是糖。土法制造的糖。

我们家乡并不产甘蔗甜菜之类，看那色泽，原料许是本地盛产的红薯，这不重要，重要的是，在她双手轮番的搓摁挤压中，那褐色物质，越来越柔韧，像一颗琥珀，被时间与力量赋予光泽，我甚至感到，它越来越甜，我嘴里泛出它可能的味道。

那双手停了下来，它们的主人笑看着我，问我可想进屋吃糖。她洗了手，把我领进屋，给了我一把糖，我记不大清是芝麻的还是花生的，她又给我沏了一碗糖水，让我坐下来，慢慢喝。这全过程中，和我同来的几个孩子就站在门口眼巴巴地看着，她再三挥手，他们依旧不肯散去，有的干脆在门槛上坐下来。

她问我几岁了，问我父亲叫什么名字，问我家住哪里，问我奶奶可跟我们住在一起。我逐一回答，每回答一句，她就呵呵地笑起来，这让我暗暗不爽，那时我已有了自尊，却不知道，有时大人的笑是出自赞赏。我喝完那碗糖水，就跑掉了。

那是年节下，孩子们满村子串，跨过一个个门槛讨糖吃。每家都会准备些“小糖”，一种硬糖，是当地代销店出售的唯一的零食，包装与味道都很简陋。一天跑下来，我们能装满口袋的“小糖”，私家手作的花生或芝麻糖倒是很少见。

晚上，吹灯之前，我告诉我姥姥，小波的奶奶叫我进屋吃糖呢。我姥姥严肃起来，说，她还说啥啦？我说，没有。我姥姥说，以后不许吃她给的东西，她家东西有毒。

我被姥姥的话吓住了，仔细回忆小波的奶奶的样子，想在她的笑容里，搜寻狼外婆式的阴险，但毫无所获，倒是我姥姥在煤油灯下晃动的面容，更加可怕一点。

我怀疑这件事给我留下了后遗症，后来的许多年里，我都无法完全相信什么人，有段时间我住在姨姥姥家，她每天给我煮绿豆汤，不知是不是品种原因，那绿豆汤老泛着点苦味儿，我就怀疑姨姥姥是不是下毒了，每天都很戏剧性地等毒性发作，担心自己来不及说出真相。

那毒到底没有发作，我因此有机会在很多年之后，了解我姥姥为什么要那么说。小波的奶奶不是别人，正是我妈妈的奶奶，按吾乡习惯，我应该称之为老太。只是自从我姥姥和我姥爷离了婚，她们也成了死对头。

清官难断家务事，其间是非，外人很难知晓。我单知道，我姥姥固然不好惹，她这个婆婆，也是个厉害角色，我们恢复走动时，她已经九十高龄，儿孙都已去世了好几个，她仍然耳不聋眼不花，武能种麦子点蚕豆，文能看得懂三国演义这样的电视剧。

智商是生产力，也是战斗力，可想而知，在我十八岁的姥姥嫁过来之后，她们这婆媳之间，必有几番恶斗。后来第一部《婚姻法》颁布，我姥爷依法跟我姥姥离了婚，我姥姥离婚不离家，在隔壁得了两间小房，她们的婆媳大战又轰轰烈烈地延续了十几年，甚至祸及下一代。

我妈这大半生吃了很多苦，但她从不自怜，只是偶尔会说起，小时候，在乡村打麦的“场地”里，她落了单，被几个叔叔围着骂。她蹲在中间，不敢说话，也不敢哭，她爹来了，把兄弟们骂走，叹口气，把她领回家。

我姥爷是老大，这几个叔叔，并不比我妈大多少，他们对我妈的敌意，来自于他们自己的母亲。按照我爸的说法，我妈是被我姥姥的坏脾气连累的。但不管怎样，这位老太，着实对自己的亲孙女不够意思。

更不够意思的事，发生在我妈二十岁那年，大队好容易来了几个招工指标，城市里的纺织厂，极苦极累，但能跳出农门，乡村女孩趋之若鹜。我姥姥早早跟负责招工的人打了招呼，要给我妈留个指标。这事儿眼看就成了，不曾想，半路杀出个程咬金，有人跑去找公社书记施压，说那招工名额给谁，也不能给我妈，这个人，是我妈的奶奶。

我姥爷当时在隔壁公社当书记，我妈他们家所在的这位书记就犯了难，不知道是听同僚前妻的话，照顾同僚的女儿呢，还是听同僚他妈的话，压制同僚的女儿。最后，他找人给我姥姥带了个话，让我姥姥去公社闹，用凤姐的话，“闹得大家没脸”，他装作为难，也就把指标给我妈了。

这个办法起了作用，我妈离开家乡，来到城市，我也因此获得来到这世上的可能。

不消说，我对这位老太，是没有好感的。即使她给我吃了糖，那糖里没有毒，我也不觉得，其中就有什么善心。我姥姥说得一针见血：那是因为她看你妈嫁了个军官，不知道你爸将来有多大前程呢。嗯，我也觉得，一定是这样。

偶尔在我姥爷家见到她，我淡淡地问好，她客气回应，没有意外的话，她应该永远是我人生的局外人了。

但意外还是发生了，在我外出读书归来的某个寒假，我吃惊地发现，这位老太，居然要在我们家过年，把她接来的，不是别人，正是和她宿怨笃深的我姥姥。

这……这，是几时，孟光接了梁鸿案？好吧，这样问太轻薄，换个说法，您两位，竟也能相逢一笑泯恩仇？

这种创意，只有我姥姥才能想得出来。

我稍大一点时，我姥姥也离开了那个村庄，一去十几年，有一天，忽有当地干部打电话来，说是可以分给我姥姥一块宅基地，有三分呢，要她回去办手续。我姥姥也很多年没见过老邻居老伙伴了，对这趟返乡之旅十分期待。

在村口的窄路上，她遇到了老太，她的前婆婆，她们对望了一眼，擦肩而过。我姥姥来到一位故人家坐下来，一碗茶还没喝掉，老太的孙子，奉了他奶奶的命，请我姥姥家去。

我姥姥就去了。接下来的情形，倒不需要着重描述，上了年纪的人，一个对视，就能消解掉几十年的芥蒂，我姥姥说，在老太那间低矮昏暗的小屋里，她们像两个老鬼一样，聊了一整夜。

我姥姥这人没什么文化，但她有些用词很精妙。比如，她说她们像“老鬼”，一下子就勾画她们相对时那气氛。是啊，她们都那么老了，老得就快要变成鬼，迫在眉睫的死亡，将她们变成同盟，相形之下，经年恩怨，就像外墙上的风雨留痕，虽然总在那里，却可以忽略不计了。

我姥姥在她的前婆婆那里住了一个星期，办完了事儿，又邀她去我们家过年。我妈对她奶奶很恭敬，这位老太，也像一个慈祥的长辈那样，话不多，总是微笑，偶尔说几句话，有老人家的一种威仪，我们彼此都是有距离感的，除了我姥姥。

我没法对你说我姥姥那个春节有多高兴，活到她这份上，所有的久别重逢，都是失而复得。她废寝忘食地跟老太说话，她们之间，有一大段过去可以聊，又有一大堆空缺的光阴需要彼此补充，相似的背景，相近的年纪，最主要的是，相同的处境，使得她俩如若知己，倾心吐胆，应该是有苦意的，但苦里又有丝丝的甜，由纠缠不清的恩怨酿成。

时间真是有牙齿的，同时，它还有一个非常强大的胃，怎样的恩怨情仇，它都能一口吞下，嚼成渣，然后，完完全全地消化。

一晃又是二十年过去了。老太在九十七岁那年去世，我们原本以为她能活一百岁，都说到时为她举行一场庆典，她的儿子孙子重孙子加起来有一百多人，大多我都没有见过。想到那大场面，我有点发怵，我常常预警得太早，很没必要，这次也是这样。

唯有我姥姥还活着，这中间，我姥爷、姥爷后面两任妻子相继去世，没有了故人，也没有了仇人的我姥姥，不免有些寂寞。她坐在正午的阳光下打瞌睡，有时会突然间发出一串咒骂，睁开眼，看见她不熟悉的光天化日，脸上，是孩童般的愣怔与无助。

她像一头老狮子，被关在时间的动物园里，没有同伴，眼前的世界晃晃悠悠，她看不分明。牙齿与指爪都派不上用场，时间比人更残忍，它制造最深刻的孤独与恐惧，即使你举起手臂，也无法抓住些什么。

就在这种孤独中，恩怨如沙，顺流而下，你两手空空，嘴角里，是衰老赋予的一丝苦涩。

好好在一起，就是好好告别了

一

我姥姥活到了八十七岁。她下葬那天，好多亲戚都来了。在田埂上，一个中年男人迎面站住，说："这是闫红吗？都长这么大了。"我有点啼笑皆非，同时理解他一定是见过少年或是幼年时的我。

我妈走上前招呼他，那名字有点耳熟，返程路上我突然想起来，当年他父母被打成右派，他一度被我姥姥收养，后来他们闹翻了，他留下一句名言，说我姥姥这个人，"做一毛钱的好事，要做一毛五分钱的坏事来抵消"。

言而有文，行之甚远，亲戚们提起这句话就会心照不宣地一笑，我爸更是无数次地引用，我妈也并不以为忤。

我姥姥生平施恩无数，也与人结怨翻脸无数，在她的葬礼上，那些受过她的恩也与她结过怨绝过交后来又在时间的迁延中一一和解的人大都来了，每个人朝那儿一站，就是我姥姥人生里不同的章节。

在新坟前烧纸，表妹笑推了我一下，说，你得多烧一点，你是唯一没有被俺大奶“欺负”过的人。我无法反驳，在那烟熏火燎中望着黄表纸翻飞如蝶，作为一个唯物主义者，那一刻，我希望真的有灵魂存在，希望早年离开这个村庄一生纷扰无尽的我姥姥，真的能够魂兮归来，生于斯而终安于斯。

我是我姥姥带大的，我混沌记忆的源头就是她。三岁半之前她带我住在江家岗，那是她的夫家，一九五一年，她就我姥爷离了婚，却一直带着我妈固守此地，族人逼她走，“那是真拿鞭子抽啊”，有个亲戚这样说。但她就是不走，待在那里会让她觉得自己才是正室，是那个没有遇到包青天的秦香莲。

一九五三年，政府推行新法接生，我姥姥去学了半年。这个手艺让她保持了一定程度的财务自由，在江家岗的风霜刀剑中，仍然能活得很骄傲。

我还记得那些夜晚，有人等着她去接生，她搂着我，哄我睡觉，说是要去打狗，“打回来的狗肉给谁吃？给我的红狗子吃……”我打小没有乳名，对我姥姥口中的这个昵称记得分明，我怀着对于狗肉的憧憬逐渐入睡——请爱狗人士原谅我，我并没有真的吃到过，也从来没有在第二天早晨记得讨要狗肉。

有时我姥姥白天出去接生，我也跟了去，其间过程完全忘掉，只记得有个黄昏，我姥姥挎着篮子牵着我归来，篮子上面覆着手帕，里面是人家送她的染红的鸡蛋。在村口沟沿边，一个小女孩怯怯地喊了声：“俺大娘。”我姥姥没说什么，从篮子里摸出一只鸡蛋，递给她。

那时候都穷，鸡蛋是个稀罕物，隔壁的大姥一家人，吃的都是红芋面蒸出的馍馍，颜色偏黑，略甜，我觉得比白馍好吃，经常跨过门槛到他们家去讨要。我打小动作笨拙，三岁了走路仍然不稳当，一边走一边鼓励自己：“慢慢的，慢慢的。”就这么着还是会跌跤。有一回跌倒时，把大舅送我的口琴甩出去老远，我怔怔望着那只被摔裂的口琴，初尝惆怅的滋味。

二

我三岁半之后，我姥姥进了詹家岗的卫生院，接生，也给人打针。我每天晚上能吃到一颗山楂丸，还偷尝过食母生，白天就从张医生的屋里晃荡到王院长屋里。

张医生答应帮我捉一只布谷鸟，到最后也没有兑现，年轻的王院长斯斯文文，经常被包括我姥姥在内的妇女们辱骂，却在调离之前，悄没声息地递给我一对他手扎的红灯笼，精致得不像是业余手作。我姥姥喜滋滋地认为是她不久前又把王院长骂了一顿他以此示弱和示好，我心里却觉得，这是一个静默的人，对于一个小女孩无声的疼爱。

我在冬天里掏过麻雀的幼雏，它羽翼尚未长齐，屁股上有紫筋，躺在手心里，是小小的温热的一团，微微颤抖。我姥姥的侄子在她那儿读书，吓唬我说掏麻雀脸上会长麻雀蛋（雀斑），我对着镜子看啊看，果然看到我的鼻子上出现了几个小斑点。

我在夏夜里跟人们去捉知了猴。手电筒往道路两边的树上一照，那些在黑暗的地下默默成长了四五年的蝉蛹，全须全尾地趴在树上，被手电筒的光映照得如同工艺品。早晨它们在一只破筐里蜕壳而出，淡绿色的翅膀闪着金光，美丽柔嫩得像个童话，却无法飞翔。

我姥姥将新蝉煎得喷香，她不吃，给我吃，但凡好吃的都是这样，鸡蛋，糖豆，鱼……她还会自制松花蛋，记忆里总是下雨的日子，她躺在床上，让我自己去充作厨房的偏厦里掏松花蛋吃，她不吃。但是，当一个邻居跟她说，你看你外孙女瘦成那样，你给她买袋麦乳精喝吧。我姥姥瓮声瓮气地说，我哪有那么多钱糟蹋。

我并不觉得这说明什么，就算我姥姥打算买麦乳精，她也会那么说的，她习惯了粗暴地面对生活，以这种粗暴，对抗生活的粗暴。

闲来我姥姥会带我去公社，公社更闲，男男女女站在那里说笑，当时应该是计划生育的风声刚刚下来，有人对我姥姥说，你是最早实行计划生育的。这话说得有点恶毒，差不多算是揭伤疤了，但我姥姥只是作势要打他，一切就在欢声笑语中不了了之了。

有一个人我每次见到他都会大哭，要我姥姥带我走远一点，众人皆不明所以，他也多次试着示好。后来，我姥姥说，他被公安局抓走了，因为他杀了人。当然，这也许是巧合。

我姥姥在一个木箱子下面装了四个轮子，拉动时奇响，她声势浩大地拉着坐在箱子里的我，走过县城的大街，去她的朋友家。还去过夏桥镇粮站，买粮，车上的人无比多，我的脚无法着地。我们不但买了粮食，还买了油条和黄瓜，这次出行给我留下深刻印象，我至今每次开车回家路过夏桥镇，都忍不住对身边人说，我小时候，跟我姥姥来这里买粮，挤车，车上的人很多很多……

从江家岗到詹家岗不过四五年时间，但似乎比我后来人生里的很多阶段都要长，它们琳琅地盛在时光里，像是许多个彩色糖果，装在闪亮的玻璃瓶里。离开詹家岗之后我回城上小学，我又笨又怂，出门被欺负，在家被嫌弃，家人总笑话我唱歌难听，跑动起来姿势可笑，他们总说，你不要笑啊，你一笑嘴就更大了。那个时候，嘴大对于女孩是个致命的缺陷，差不多等同于残疾。

我开始怀念和我姥姥在一起的日子，多么自在，没有人挑剔。我家离护城河不远，我有时会摘下几片树叶，让它们顺水漂流，载着我的怅然，飘到我和我姥姥待过的地方。别笑，我打小就有做文学青年的潜质。

三

到我十来岁的时候，我的状态坏到极点，老师建议我休学，我再次得以跟着我姥姥到处闲逛。我们踩着污秽不堪的残雪，重回詹家岗，我梦萦魂牵许多年，重新站到大院门口时，第一次感到，惆怅也可以来得如此惊心动魄。物已非，人也非，没有什么会站在那里等着你，我不知道，连同这种时不我待往日不会重来的惆怅，在多少年之后，也会引发我无法回溯的无力感。

还好我姥姥又带我去了一些地方，她的娘家姜老庄。在那里，我见过了更多的人与事，我的记忆不再是七零八落的片段，而是由种种命运镶嵌。

曾几何时，我姥姥是我记忆的主线，她带我走过的地方，见过的人，她说过的话，尤其是她在命运面前做的各种别出心裁的选择，都成了我灵感的储备。她让我看到了生活的多样性，让我知道，在我阅读的那些套路之外，还有其他。

但是后来，我和我姥姥不再亲近，我不知道具体是从哪天起，是因为我自以为是的青春如期抵达，还是我姥姥感情上有了更多的寄托。

我十岁那年，我姥姥替她单身汉弟弟收养了一个孩子，这一做法饱受质疑，养孩子不是个等闲差事，吃喝拉撒样样要操心，犹记那孩子小的时候住在我家，一夜啼哭到天亮，家人无不为之困扰。更重要的是，即便把这孩子养大了，又能中舅姥爷多少用呢？这年头，自己的孩子都指望不上呢。

我姥姥内心强大，置若罔闻，把这个孩子当成了命根子，她的爱来得雷霆万钧，令人观之悚然。

在物质匮乏的二十世纪九十年代，她能买成箱的“健力宝”给那孩子喝，但心情不好的时候，又会把那孩子扯过来，一顿怒骂暴打。那小女孩因此长得奇瘦，在我姥姥眼里，这也不是缺点，她经常信心百倍地说，将来还不知道谁更有出息呢。这是拿我和我弟跟那孩子比较。

当我姥姥始终汹涌澎湃的感情找到新的发泄口，我在她心中的地位明显下降，我不再是那个惹她疼爱的小孩，新的我，在她眼中，简直是一无是处。她用姜老庄的标准来打量我，发现我百事不成，有次我在她面前走，手里的东西不小心掉下来，这成了我无能的证据，“拿个东西都能掉下来”，我姥姥到处跟人说，那口气，我已然成了一个废人。

她认为她看透了我的本质，断言我所谓喜欢看书，不过是拿书遮掩，逃避做家务或是别的。她这样说：“你家多你这个人，也就是多个名额而已，因为你没有任何用处。”

我并不难过，她的简单粗暴是出了名的，她对待别人，比对我狠得多。比如前面提到的那个侄子，我姥姥本来视他如子，退休时把班也给他接了，从此事事要左右他，最要命的是要他娶自己指定的女孩。偏偏表舅非常不喜欢那女孩，我姥姥跑到他家里，砸了他的锅，捶地打滚地哭闹，最后借助了公权力，把舅舅送到劳改农场，劳改了半个月——她指着身上的瘀青，说舅舅打了她。

相对于这样的风暴，我被我姥姥冷言冷语地敲打几句，自然不算什么，再说，我早已习惯了被人奚落。我也曾激烈甚至惨烈地反抗过，后来，我学会了，淡淡地与他人保持距离。

四

这或者是我没怎么吃过我姥姥的亏的缘故，我不与她靠近，尽管，在我离开家乡来到合肥之后，我姥姥也时不时来我家小住，但我总能很巧妙地让自己处境安全。

我姥姥坐在那里，面带微笑，气场十足，远远地招手："你来你来。"每逢此时，我知道她必然有了新主意。她的诉求大多是两种："你不能给谁谁找个工作吗？"那个谁谁，就是她带大的孩子。可是像我这种不出门不交际修个刘海都要做一番心理建设的人，哪有那个能耐？我姥姥的一项特异功能是，不管你拒绝多少回，她下次依旧能够不计前嫌重新提出。

另一个诉求比较容易做到，但让我觉得很烦，她求我带她去探监。

那个曾经被她送去劳改的表舅，这次真的坐了牢，这次坐牢倒与她无关，据说是被人陷害了，判了十年，就关在我居住的城市一隅。

我姥姥早就和表舅分分合合闹了很多回，至亲骨肉，打断骨头连着筋，表舅这一坐牢，可把她心疼坏了，节俭如她，慨然从有限的积蓄里拿出一万块交给他家里人营救他，之后，又许多次乘坐公交车辗转去探监。她的腿不好，拄着拐棍，一瘸一拐地行走在监狱门口的小路上，有时还要在门口等很久，看上去非常悲情。

我妈对她此举并不赞成，探监的次数是有规定的，你占用了，表舅的老婆孩子没准就扑个空。况且，你去又能怎么样呢？隔着玻璃，掉几滴眼泪，来几句无用的叮嘱，无所裨益。

鉴于我妈这个态度，我姥姥偷空儿就会来求我，我的态度也好不了哪里去，甚至于更烦躁。我是务实之人，不相信眼泪，不相信夸张的感情，我甚至觉得，我姥姥对于探监的热爱里，有一部分是为了感动自己。有个例子或许可以说明我的推断，当她听说有司放还了表舅被没收的部分家产，就去找表舅家人讨要她那一万块，因此再度与表舅家里人翻脸，闹到不可开交。

我于是一旦发现我姥姥有要开口的苗头，就先把脸冷下来，但还是不得不带她去过几回。那种感觉真是坏透了，替我姥姥给舅舅的账户上存钱时，女狱警的火爆脾气，让我想起《水浒传》里，戴宗对宋江说“你是我手里的行货，轻咳嗽便是罪过”，那个女狱警也是这样看待探监者的吧。

我此后更加视我姥姥周围有如雷池，不多靠近一步，她的一些正常诉求，也会引起我条件反射般的抗拒，比如有时她招手，我置若罔闻地走开了，后来发现，她不过是叫个人给她茶杯里添点水而已。

也不是不愧疚的，出门在外，会想着给她买点什么。我曾写过，我在平遥给她买过一双绣花鞋，她非常喜欢，拿着那双鞋在膝盖上敲了一晚上，还要我不要跟人说是我买的。如果有人问起，她会说，这是一个侄女给做的。人家就会说，这手真巧啊，瞧这花绣的，这鞋底纳的。我姥姥从虚拟出这番对话里，感到了真实的满足。

我从此出门在外看见绣花鞋总想买给她，直到不久前，去北京，看见一家布鞋店，还是习惯性地想："给我姥姥买一双吧。"然后才想起来，她已经不在了。

平心而论，我给予我姥姥的实在太少。倒是她有时会塞三两百块钱给我儿子，每次收这个钱，心里都很不是滋味，觉得无以回报，而所谓的无以回报，其实大多是不想回报。

我和姥姥不是一类人，我姥姥的感情总是瞬间生成，飞扑上去，是满溢的，不惧弄得一塌糊涂。我是审慎的，要再三考量再三斟酌，不想被别人带着走，也不信任过于热情的表达。

五

我儿子上学之后，周末还有兴趣班，家人又表示不欢迎我一个人回去，我就不怎么回去了。但是去年起，我每次离开时，我姥姥总是拉着我说，你可不要又大半年才回来一次了。我听出这句话里的感情，感到自己真的被惦记和需要，此后逢上中秋端午，也会回去一下，哪怕只住一晚，每次，我都对自己说，天知道还会见几面。

我今年六月底回去过一次，破天荒地连住了五六天，但因为要写稿，都是住在酒店里。每天我妈来把小孩接走，我就开始与电脑死磕，一磕一天，中午用泡面打发一下，傍晚再去吃晚饭，接孩子。那些傍晚，我看见我姥姥永远地坐在沙发上，有时糊涂，有时清醒，有时坐着打盹，白发苍苍的头颅垂下来，半梦半醒中嘴里突然发出一串诅咒，不知道她回到生命的哪一段里。

我没有刻意地去陪她多说会儿话，仍然会有戒备有不耐烦，我知道她已是日薄西山，但那时刻到来之前，还是会按照以往的节奏生活下去。离开前我预订了八月下旬的酒店，还想再回去一次，只是八月里出了一趟远门，回来后体力透支，又要陪小孩恶补暑假作业，想着中秋再回去也无妨，不曾想，八月下旬，我姥姥病情恶化，住进了ICU病房。

我跟我妈说我要回去，我妈说："你回来也没用，她在重症监护室，我们都进不去。"我妈挺后悔把我姥姥送进去的，说："那地方不给家里人进去，你姥姥找不见我，该有多害怕啊。”

我们都知道我姥姥看似强大，内心却很薄弱，她虽然三天两头跟我妈大吵，以离家出走相威胁，却像个孩子一样依赖她。她们娘俩相依为命这么多年，我姥姥关节坏掉之后，穿衣吃饭洗澡全靠我妈操持。我姥姥喜欢坐车兜风，我妈为此以六十五岁的高龄拿到了驾照，梦想着有朝一日带我姥姥环游中国。

医生说我姥姥开始昏迷，这消息让我们感到安慰，昏迷之后她不会再有恐惧，在我姥姥昏迷数日之后，某个中午，我在嘈杂的商场里，收到了我姥姥去世的消息。

这是意料之中的消息，却让我感到如此空虚，我姥姥于我，曾是那样强大的存在，却可以在一瞬间被抽离。我没有哭，甚至还等着孩子又打完一场乒乓球，再开车回家。

一路上路牌迎面而来，颍上，夏桥，詹家岗，都是童年里我姥姥带我走过的地方，此刻，它们像是一群好事的亲友，专门等在这里，七嘴八舌地向我讲述往事，要看我掉下泪来。

我握着方向盘，看着前路无声地哭了一会儿。到家时情绪已经平稳，跟亲戚们寒暄，一块儿去吃饭，饭毕，来到灵前，跟守在那里的几个堂姐聊天。

她们说起我姥姥的那个侄子，来了就砰砰砰地磕了三个响头，磕得那叫一个响。又说我姥姥收养的那个女孩哭得最凶，也是，她的人生是由我姥姥赋予。如今对于我姥姥收养孩子这件事，大家的看法完全不同了，都说这件事做得太智慧了，虽然那个女孩并不能为舅姥爷做什么，但舅姥爷跟她一家人住在一起，跟前热热闹闹的，比一个人孤苦伶仃的好太多。

大家又说起我姥姥生平的各种好，比如，没有改嫁。倒不是赞赏三贞九烈，而是如若我姥姥改嫁，我妈必然要被丢给她爷爷奶奶，那家人是不会对她好的，也就在农村随便找个婆家嫁了，现在不知道过什么日子呢。我姥姥一生性情暴躁，负累我妈不少，但这一件事，就令我妈十分感恩。

猝不及防的，大堂姐对我说："你姥姥进重症监护室以前我在跟前呢，她跟我说她最想两个人，你猜是谁？"我心想可能是那个养女和表舅吧，便笑着，说："是谁啊？"果然一个是那养女，另一个，大堂姐看着我，说："是你。"

我表示吃惊，尽量以正常口气说话，我以为天黑她们会看不见我的眼泪，这似乎是自欺欺人了，被大堂姐识破并揭穿之后，我终于，痛痛快快地哭了起来。

我哭，是因为悔恨，悔恨我没能好好地跟我姥姥告别，让她留一个心结。也悔恨我曾经的戒备与冷淡，悔恨我那个时候，不能够相信她的感情，视为她喜欢戏剧化的表述。我以为，我早就不再是她最疼爱的那个人，她曾经对我的爱，早已被她对其他人的感情覆盖，我们纵然常常相见，实际上，早已失散在漫漶岁月里，而我，早已习惯了这种失散。

我后悔没有对她更好一点。最后一次分别时，我姥姥叫住我，说，你不能给我买个茶杯吗？我一边答应着一边出门，好几天之后，才想起这件事来，在网上买了个杯子寄过去，那杯子不贵，但玲珑剔透，很可爱，听我妈说，我姥姥摆弄了一晚上。

现在想想，为什么我不能给她多买几个呢，各式各样的，那她该多高兴，她最喜欢这种小玩意。我如此节制地只给她买一个，是因为，我妈说她已经有一大堆杯子了。我不知道，分别就在眼前，寻常岁月里，日子可不就得理性节制地过，她要一个，我就买一个。

许多事情被我记起来，比如我上小学时，我姥姥住在城市另一端我妈工厂宿舍里，周末我去她那儿，她都逼着我吃一只甲鱼，那是多么可怕的体验啊，那么腥，又是骨头又是皮，又是还有让我恐惧的甲鱼蛋；周一我乘厂车离开时，她会站在车窗边，目送我离开，她的眼神，让我很不自在、不习惯；再早一点，是在詹家岗的时候，她喂我吃饭，一边喂一边说：“你将来也会对姥姥这么好吗？”我铿锵地回答：“会！”我一生予人承诺不多，就这么一个，到底也落空了。

李安的《少年派》里说：“人生就是不断地放下，但最遗憾的是我们来不及好好告别。”但谁能知道会在什么时候分离。好好在一起，就是好好告别了，否则，无法再见的时候，那些被你无视过的感情，都会一遍遍地虫噬你的心，成为对你当初凉薄的报复。

往事已如烟，既往不可追，我还能做到的，也许是不要再那么不相信别人的感情，以及，以告别的心情，善待身边的每一个人。生命终有止境，我们和每一个人的交集，都是在一场或长或短的告别中，好好活着，好好告别，也许对自己，也是如此。

一双绣花鞋

平遥是我非常喜欢的地方，其中一个原因是街上有很多可以买的东西，不像有些旅游胜地，满坑满谷的假古董，平遥长而窄的街上，能找到很多别致的、价格合适的、日常化的、女孩子喜欢的东西。

比如说绣花鞋，别处可能也有，但这里卖的是手纳鞋底的那种，别处可能也有手纳鞋底的，但是这里一双只要三十多块钱，相对于其他地方动辄上百元的价位，就显得特别平和、正常，是让你买了穿回家的东西。

印象中我姥姥挺喜欢绣花鞋的，便打电话问她的脚多少码，妈妈说三十九码，又问要红的还是要黑的，妈妈说，唉，老太婆了，就黑的吧。

就买了一双黑的，黑的底色，鞋头浮着两朵非常嚣张的大红牡丹，鲜绿的叶子，纹路都用金线描了，对比强烈，反成一种静默的刺激。

带回家，姥姥非常高兴，她甚至想好了穿出去跟人家怎样问答。坐在沙发上，她笑眯眯地想象着，人家见了一定问，这是谁的手这么巧啊？给你做了这么一双鞋？她就答，是娘家的一个侄女啊。然后还要脱下鞋，把鞋底翻给人家看，看看，这针脚多细密。人家啧啧地叹着，大家各自走开。

为了让这一幕真正实现，姥姥要求我，不要告诉任何人，这是我从外面带来的。听到我的保证之后，她方才心满意足，拿两只鞋敲着自己的膝盖，非常惬意地，敲了一个晚上。

不过姥姥也有遗憾，要是一双红鞋就更好了，最好是大红的，描龙绣凤的那种。那样的鞋子，我在平遥也看到过，但压根就没想要买给姥姥穿，她这么一说，我也觉得遗憾，觉得那样的鞋子，跟姥姥很相宜。

从此，姥姥但凡听说我要出门，就托我带大红绣鞋，我把这份心愿理解为一个老去的女人对于自己的娇宠，对于自身女性身份的唤醒与确认，姥姥选择最放肆最喧哗的那种大红色，是因为她太老了，所以她活开了，不再瞻前顾后，畏头畏尾，她骄傲地、平静地穿着它，那双鞋和她的岁月融合在一起，形成了让人动容的美。

在这个城市的某个角落，我找到了姥姥心仪的绣花鞋，买回家，告诉姥姥，是同事从外地带来的。不算欺骗，我知道姥姥喜欢这样的说法，她没有去过很多地方，却更喜欢从远方带回来的鞋，仿佛那双鞋连着一连串的脚印，而那些脚印将她和远方连在了一起。

被两块钱结束的童年

小学六年级那年，我因一点小毛病休了一年学。正当我在家中闲得长草时，我姥姥从乡下来看我，我大喜过望地缠住她，要跟她到乡下去。我姥姥答应了。

我们先是乘坐长途客车，到县城下了车，我姥姥没有直接换乘返乡的机动三路车，而是先去拜访住在颍河闸附近的一位唐姓女友。见面之后，她们交流了一些关于工作上的信息，我姥姥发现，她需要留在县城处理一些事情。至于我，可以让一个正好也在县城办事的亲戚，她的侄女儿青姨先捎回去。

那是一个乍暖还寒的早晨，我们一群人站在颍河闸边，迎着青灰色的风，望着闸桥的那边，当一辆被称为“小蹦蹦”的机动三轮车终于出现，唐姥姥迅雷不及掩耳地掏出两张十元钞票，塞进我的口袋里。

在吾乡，经常有亲朋好友这么干，“给小孩买糖吃”，他们总是这么说。然而，只要给钱的人一转身，父母就会用各种理由软硬兼施地收走。这一次，在唐姥姥眼皮子底下，我姥姥没有机会没收，我有理由认为，这个钱，唐姥姥就是打算给我花的，否则她可以昨天晚上给我，给我姥姥没收的时机。

不管实情如何，我姥姥照例跟她推拉了一下，我也像一个很有规矩的小孩那样，摆出拒绝的姿态，但唐姥姥比我们更坚决，当“小蹦蹦”的司机扭过头来，表达出老大的不耐烦，车上人也啧有烦言，我姥姥无奈地笑着，停止拉扯，那两张钞票得以进入我的口袋，离我姥姥的势力范围越来越远。

三轮车只到集镇，剩下的五六公里需要步行，青姨擅自改变了路线，先去拜访她住在集市上的一个女友。女友正在看守一个摊子，看见她来，非常高兴，俩人先就各自对象谑笑了一番，女友带着青姨，走到旁边的一个卖内衣的摊子上，翻检起来。

她们在琳琅的胸罩与内裤里挑挑拣拣，不时挑出一件撑开给对方看，心照不宣地鄙薄地笑着，仿佛与这些东西相处已久，知道关于它们的每一个秘密。那种精通里，有一种熟女的风情，让刚刚开始发育的我，不可企及地羡慕着。

如是挑选许久之后，青姨终于择定了一件，是最便宜的那件，但她翻翻口袋，发现里面只有五毛钱。那个胸罩要两块钱。青姨想了一下，看着我说，你先帮我垫一下，我到家就给你。

说实话，我非常不愿意，不只是对于青姨的信用一无所知，更因为我喜欢拥有两张十元钞票的感觉。一路上，我常悄悄地把手插进口袋里，感觉它挺括到能割手的边楞，不断反刍那种所有者的感觉，幸福得微微眩晕起来。

可是，青姨都已经开口了，当着她的女友的面开口了，我要是拒绝，岂不是太不给她面子？我装作不在意地掏出钱来，递给她一张，她再交给老板，眼睁睁地，我看到那挺括的十块钱，变成一叠脏兮兮软塌塌的零钞。

我心中别提有多郁闷了，同时感到新的可能。在这张钞票没有被破开之前，它固若金汤凛然不可冒犯，当它变成八块五，它同时变得涣散、缺失、可以染指，我觉得我也可以尝试着买点什么了。

我试水性地花了一块钱买了一支笔一瓶墨水和一叠信纸。虽然我并不喜欢这些东西，但毕竟是学习用品，将来被秋后算账时有个说头，况且唐姥姥塞钱的时候也一再强调：“这是给闫红买学习用品的。”

我和青姨离开集镇，朝村庄走去，拿着各自的战利品。青姨看上去镇定自若，而我心情沉重，购物没能使我确定那笔钱的所有权，一阵阵涌上来的担忧，却让我清楚地感觉到，我此前的确定纯属自欺欺人。我姥姥不会忘了这笔钱，我把它弄出了个小缺口，后来又再次扩大，我不知道怎么对我姥姥交代，却根据多年经验深知，此事很难了结。

在我姥姥回来之前，我一直住在青姨家，青姨没有还我钱，还好也没有继续向我借钱，那笔钱放在我的枕头套里，我每天枕着它，就像枕着一个即将爆发的灾难，听它的指针滴滴答答地走。

半个月之后，我姥姥终于回来了，她坐在床沿上喝茶，目光从我身上一掠而过，长久地停留在青姨身上。在青姨不断洇开的惶恐里，她用死神般冷酷的声音问："你穿的是我上次给你的那件褂子吗？"

青姨身上，是一件绿军褂，在二十世纪八十年代晚期，军装有个回潮，街上时髦小青年分两种，一种是穿"太子裤"的，一种是穿绿军裤。这两种裤子都有着肥大得能装两只老母鸡的裤腿，不同处只在于，"太子裤"大多是蓝色的。

穿太子裤的青年，通常家境不错，脚步也常常故作潇洒，有一种"美而自知"的优裕。穿军裤的人，更草根，那衣服可能是从爸妈衣柜里偷出来的，但那草根也正是他们的魅力，他们故意晃得更痞气，倒显得“太子裤”一族有点娘了。

穿军裤的女孩子会被人侧目，是那个时代里的“非主流”，不想被这么看的女孩审慎地选择了绿军褂，久之满大街晃动的都是草绿色。我姥姥对潮流不可能敏感，也许是青姨跟她要的，总之，上次在县城，我姥姥给了她一件绿军褂，是我妈以前穿过的。

我姥姥这个人，向来乐善好施，但同一切对施舍有着过分的热情的人一样，她不可能不计回报，这回报包括，对方对她的施舍的重视。现在，她看见青姨非但没有穿她送的绿军褂，还像示威式地穿了另外一件，她忍不住地发问了。

青姨回答这是她姨给她的，我姥姥给的那件她给她妹妹了。这回答简直能让我姥姥疯掉，她勃然大怒，青姨也并不逆来顺受，我姥姥作势要打青姨，青姨顺势躺在地上，闻声而来的邻居也没能及时熄灭这对姑侄之间的战火，晚上，我准备睡觉时，发现床沿的被单上，有许多被蹭上的新鲜泥巴。那应该是青姨躺在地上时所为，从泥巴渗入床单纤维的程度，可以感知青姨愤怒的力度。

而我感到幸运的是，这件事在好几天里都牢牢地占据着我姥姥的注意力，大概有三四天后，她才回过神来，查询我这些天来的情况，跟谁玩有没有写字等。终于，她问到了那个致命的问题："你唐姥姥给你的钱呢？拿给我！"我翻出那十七块五毛钱，嗫嚅地说，其他的被青姨借走了，我姥姥瞬时间就怒了，新仇旧怨俱上心头："连个小孩的钱都哄！"她勒令我，立即去青姨家把钱要回来。

从我姥姥近乎狰狞的脸上，我认出了风暴即将抵达的迹象，不敢再说更多，只有离开这是非之地，朝青姨家走去。

青姨家住在圩子外面靠大路的地方，我翻过一条干涸的沟渠，又走了一小段路，来到大路边，居高临下地看着那个位于地势较低处的院落。几天前，我还每天在这里出出进进，现在单是跨过那院门，就成了一个老大的难关。

我不敢进去，讨钱让我很为难，何况它并不能解决问题，还会成为一个新的问题的开始。我站在那里，近乎无意识地朝里面望着，堂屋里人影影绰绰，他们可能刚刚吃过早饭。

青姨她妈从锅屋里走出来，端着一大盆刷锅水，大概是要去拌猪食，她发现了我，远远地招呼着，我飞快地跑掉了。

回到姥姥家，她问我："钱呢？"我说："青姨没在家。""没在家？"她的眼睛从老花镜下面翻上来，狐疑地看着我，"哼"了一声，说："那你明天再去。"

从那天起，去青姨家成为我每天必须完成的功课，我一次次翻过那条干涸的小河，有时到青姨家院门口稍稍站上一会儿——我不敢站太久，怕里面有人出来，或是有人要进来时正好碰上我。

更多的时候我走到附近的田野上，躺下来，草尖毛茸茸的，扎着我的背，上面是天，天上有云，我希望那些云朵落下来，把我整个儿覆盖住。远处是树丛，在平原上勾勒出紫色的雾霭般的线条。我抱住自己，觉得自己像个悲剧的女主角，却没有标配一个能够救赎我的神仙。

有一次，隔壁的三姥姥挎着割草的篮子从路边经过，见我躺在那里，先是大吃一惊，问我："你这是咋了。"我说，我看看天空。她不由瞪大了一双老眼，然后"嘎嘎嘎"地笑起来，很快，村子里有很多人，都知道"城里小孩"没事就躺着看天空的事了。

我姥姥应该不知道，否则她就无法接受我每次黯然归来时，向她上缴的那些借口，比如青姨不在家，又或者我碰上谁谁谁了，她要我跟她一块儿干什么。我还曾试着把膝盖朝一棵大树磕去，想告诉我姥姥，我走路上跌了一跤，走不动了，可惜尽管膝盖磕得生疼，却没有什么痕迹。我蹲下来，捂着磕到的地方，心里疼出了几点泪。我第一次感到做人不易，人生无趣，我害怕以后还会有更多这样无休无止的磨难。

诡异的是，不管我编的理由多么离谱，我姥姥从来没有质疑过，始终是从老花镜下面翻出不相信的眼神，鼻子里“哼”上一声，我这一天的磨难算是结束了。好多年后我跟我妈说起这些，我妈说：“你姥姥就喜欢干这种事。”她小时候也经常这样被逼迫着，找已经和我姥姥离婚的姥爷要钱，我们母女在这里，打通了相似的记忆。

这样日复一复地装作讨钱，虽然很头疼，但毕竟都烦烦恼恼地熬过去了，我心里有个更大的隐忧，担心我姥姥和青姨狭路相逢，和真相狭路相逢。每次我姥姥带我出门我都提心吊胆，老远看到一个和青姨相似的背影，都能吓得心脏骤停一秒钟。

这时刻终于到来，有一天，我姥姥赶集回来，说：“我今天碰到小青了，我问她，你咋不还闫红钱？这个炮冲的，竟然说，她没见着你。我让她明天送过来。”我说：“哦。”心里恐惧到无以复加，我害怕青姨送钱来，我姥姥发现数目对不上，我也害怕青姨不送钱来，让我姥姥抓住这个理由到她家大闹一场。

那个晚上我夜不能寐，想回自己家，也想离家出走，可是我没有钱，最现实的方案也许是走到县城向唐姥姥求助，她一定会帮我，但对于一个十来岁的小孩，县城也太远。我想到了死，想起曾看过的一篇小说《五个女子和一根绳子》，但也只是想想而已，我惊恐万分地，渐渐睡着了。

第二天上午很平静，平地起风云是在中午，我姥姥的一个邻居去了一趟代销店，带回来一个令人震惊的消息，原本五分钱一盒的火柴，卖到两毛了！肥皂、食盐全部涨了价，据说还要涨，城里已经掀起了抢购潮，接下来还不知道怎么样呢！

太平年代里，涨价就是一场大灾难，对于个人命运来说，灾难有时也是一场成全。香港沦陷成全了白流苏，一九八八年初夏的这场突如其来的通货膨胀，成全了像鸟雀一样战战兢兢的我。我姥姥直奔代销店，证实了邻居的说法，但她并没有像其他人那样开始疯狂抢购，我姥姥坐下来，决定寻找一条自救之路。

家里的盐还有不少，火柴也囤了一些，唯有肥皂不多了，但这样东西，有土办法可以制造替代品。我姥姥走进锅屋，舀了一簸箕锅灰倒进洗衣服的大瓦盆里，再把井水倒进去，“瞧吧”，我姥姥得意地说：“明天这水就会变得滑悠的，比肥皂还下灰。”

接下来的时间，我姥姥一直在观察这锅灰水的变化，不时撩一点用指头搓一下，她像个酿酒师傅一样，不断地露出满意的笑容，她如此专注，我可以确定她已经把青姨啊还钱啊什么的全丢到了脑后。

第二天，她宣布她的实验成功了，她把用锅灰沥出来的水洗过的衣服尽可能地抻开，给身边的人看："瞧，多干净！比肥皂强！"邻居们都跑过来参观，上年纪的人仔细询问每一个细节，年轻一点的，不赞成地微笑着，摇着头，说："俺大姑你真会过！"

我姥姥并不是一个勤快人，但那些天，她废寝忘食地用锅灰沥水洗衣服，还好天气也很给力，总是瓦蓝瓦蓝的天空，那些衣服在蓝天下翩翩舞动。我坐在院子里，用买的那些笔和信纸，画小人，或是默写一首古诗，想起我躺在田野上看到的那些天空，心情已完全不同。虽然这件事还没有结束，但经过一场声势浩大的通货膨胀之后，我觉得我姥姥对于追究那已经贬值了的两块五毛钱，不会有多少兴致了。

我的生活重新回到正常轨道，但已经无法像从前那么轻松，我仿佛看到磨难躲在未来的许多个屋檐下墙角里，看见它们藏头露尾鬼鬼祟祟，等待和我相遇。想到这些，我常常会忍不住叹口气，但也不想把它们都抓出来。后来我在书上看到一个词叫"沧桑"，顿时感到相见恨晚，我没想到会用这样一种方式结束无思无虑的童年，在开始一场懵懂的暗恋之前。后来姥姥再没问过那两块五的事儿，只是有时帮她引火时，若是不小心多划了一根火柴，她都会"哼"一声，锐利地瞪我一眼。

这个世上唯一公平的事

他这一生，活得像一块石头，唯一的意义，似乎只是在石头上留下风雨的痕迹。

我的大舅姥爷，我妈妈的大舅，不久前去世了，享年八十四岁，他的一生，就像一个标本，每一小节，都密密麻麻地烙着时代的印记。

他去世的前几天我去看他，他刚结束了半个月的昏迷，可以喂下点流质的食物，但双眼紧闭，面如枯槁——这两个字造得好，都是木字旁，从被子里露出的那张脸，确实有一种枯木的质地和色泽，纵横的纹理，仿佛是木雕大师的别具匠心。只是在我们告辞时，他眼角滚出的一滴泪，证明他还活着。

人活到最后，只剩下活着，但有人是将富贵贫贱幸福磨难都经过，我的大舅姥爷呢，他这一生，幸福占比太小，他受的磨难，似乎比他这一生都长。

大舅姥爷年轻时有个外号叫“细腰”，一个男人叫这么个外号挺奇怪，村里人就叫我看：“你看你舅姥爷腰多细。”我坐得远远的，透亮看正挑着水桶走过来的舅姥爷，他肩膀宽宽，线条凌厉地直下，正是如今所言的“倒三角”，农村人不谈审美，只说他一看就是个庄稼把式。他干起农活的确又灵巧又舍得出力，还会得一手好厨艺，谁家办红白喜事都请他去做饭。这么个人，却打了一辈子光棍，在当时倒也不稀奇，一个破落地主出身，能抵消掉他全部的好处。

他祖上有些田地，到他父亲手上，据说还有几十亩，但都是些薄田，好点的都被他父亲赌博输光了。他母亲去世得早，父亲总是在年前把那点地租输掉，年后青黄不接时候，就带着两个儿子去逃荒要饭。

小舅姥爷说他那时只有五六岁，最怕他父亲让他坐到筐里去，另一只筐里已经装了锅碗和棉被，扁担一挑，就可以上路。他总哭着不肯上去，但最后，还是坐在筐里，跟着父亲和哥哥，一路要饭，来到六安一个叫徐集的村镇，驻扎在那里，到割麦时节才离开。

十多岁时他们变成地主羔子，田地被没收，唯一的一张太师椅，也被工作队扛走，但比起邻村被处决的那对“恶霸地主”，已经应该念佛。大舅姥爷说他小时候去亲戚家喝喜酒，曾见那对父子，都戴着金丝眼镜，是人人见了都要屏息禁言的体面人，说枪毙也就枪毙了。

两个舅姥爷的婚事因此被耽误下来，媒婆见了他们家人都躲着走。据说也曾有一家人，只有个独生女儿，那年修房子，大舅姥爷去帮他们打土坯，他们看中他好人才，希望他能入赘，跟前跟后地跟他商量，大舅姥爷不说话，干完活就走了，失去这辈子唯一一个老婆孩子热炕头的可能。

大舅姥爷一辈子就吃亏在心高气傲，他的出身让他不得不低头，他要在别的地方找补回来。不管他怎么勤扒苦做，家境也很难改变，不请自来的，是无数中国人谈之变色的一九六〇年。

最先饿死的，是舅姥爷他奶奶，也是我姥姥的奶奶，我妈喊她太奶奶。这个太奶奶，是我妈荒芜的童年记忆里的一抹暖色。家里有点啥好吃的，太奶奶都会给我妈留着，还时不时叫大舅姥爷跑上几十里地，送去从附近沟渠里挖的藕，钓的鱼虾，捞出来的鸡头米，加上树上结的枣子等，满满一筐好吃的。

饥荒年月一开始，太奶奶就不肯吃饭了，从公社食堂里打回来的那点稀汤端到面前，她掉过脸去，硬饿。两个舅姥爷求她吃，她说："傻孩子，我吃了，你们吃啥？我是死着的人了，你们年纪轻轻的，还没活成个人呢。"大舅姥爷说，直到最后，她牙关都咬得铁紧。隔了那么多年，大舅姥爷的口气很平静，我听了却有些异样的感觉，看着眼前这个衣衫褴褛的老头，我想，他原来也是被人全力爱过的啊，他的奶奶，知道这个大孙子后来再没被人那样爱过吗？

大舅姥爷的父亲紧随其后，先是浮肿，然后觉得哪儿哪儿都不舒服，跑到县城去看病，还去了他女儿也就是我姥姥家。我姥姥不大待见他，要他回去，他回去不久就死了。我妈说，哪是什么病啊，就是饿的。

我觉得我姥姥未免凉薄，我妈说，也是怪他一辈子不正混。再说，那时候，给他吃了，我们就得饿死，你不知道那大饥荒啊，经常有人走着走着就倒下去。树上的叶子全部被捋光，冒个芽就被摘掉，榆树什么的就不用说了，地上长的剔剔牙又苦又涩还有刺，也被人薅回去煮汤。就那样后来还照旧能长出来，那是老天养人。种子要在粪便里泡过才能种下去，不然人家就扒出来吃掉，就这么着，点下的花生，照样有人扒出来，回家使劲烀了再吃。有一次，我眼尖在地上看见一粒绿豆，捡起来嚼了，比现在吃开心果什么的都香。

偷窃成为必需的生存技能，即便大队派了专人看管，仍然有无数双眼睛，在暗处窥视着土地上那些不允许收割的粮食，就像白蛇准备偷盗救命的仙草。

饥饿中，一向疼爱我妈的舅姥爷们也变了，我妈原本是在他们肩膀上长大的，现在，再回去，他们都是严阵以待的一脸寒霜。许多年后我妈说起这些，并没有责怪之意，饥饿让细枝末节都变成生死取舍，他们担心我妈吃他们那点口粮，也是人之常情。

那是最为可怕的三年，之后也没好到哪里去，能吃顿饱饭还是在一九七八年之后，舅姥爷的地主帽子也被摘掉。他感谢政府，有天，有人要饭到他门口，舅姥爷进锅屋舀了一勺稀饭，随口问，现在年景这么好，你咋还出来要饭呢？要饭的顺嘴叹道，这不都怪邓小平？舅姥爷“咣当”把勺子掷回锅里，骂道：“你这个懒汉，你还怪上邓小平了！”要饭的无趣地去下一家了。

年景好了，地不够种了，大舅姥爷踅摸着还能干点啥，他当年逃荒要饭一度还给人扛过长工，去过些地方，知道货郎挑子很受欢迎，他眼皮子活络脑子够使，这活儿，他干得了。

他托我爸买了辆凤凰自行车，在城里批发了些针头线脑布匹糖果，又弄了个拨浪鼓，走乡串户地吆喝上了。生意挺好，他不断骑行数十里进城，在我家歇脚，有空时帮着我妈搭把手带下我弟弟，我爸现在还记得，他用个脏得看不出本色的扎腰带系在我弟弟身上，我弟弟像个小狗似的，朝前挣着爬楼梯，对于我和弟弟，大舅姥爷都是最为亲近的长辈。

靠着这小买卖，大舅姥爷成了村里的冒尖户，走起路来腰杆直直的，眼睛看到天上，我小时候去他家，就听隔壁女邻居捂嘴窃笑："你看你大舅姥爷傲的，果真钱是人的胆。"也有人来给他说亲了，那时他也不过四十多岁，村里跟他情况差不多的，都想方设法找了女人，有外村的寡妇，还有人从贵州或是四川"带"回来的女人，大舅姥爷一概拒绝。我姥姥最了解这个兄弟，说，他是怕人家来家吃他的。你大舅姥爷啊，最"尖"了。

吾乡，这个"尖"，指的是吝啬。大舅姥爷的"尖"也是出了名的，都说他"手头票子不少"，但舍不得吃，舍不得穿，村里人都住上瓦房了，他还是那几间茅草房，快塌了，才勉为其难地盖了两间小房，人和牲畜一个屋，晚上，人们听着广播拉着呱，总能听见那头大黄牛不甘寂寞地哗啦啦尿起来。

大舅姥爷最大的爱好是数钱，闲来没事儿，他就坐那儿数钱，或是朝床上一歪，或是往树下一靠，掏出口袋里那叠钞票数啊数的，每一次点数，似乎都有一种"人生若只如初见"的喜悦。

正是这个爱好，断送了他的货郎营生。那回，他一大早出门进货，午饭时候也没回，下午，他脸色灰灰地回来了。我妈问他咋了，他拿出一个酒瓶底大的茶色玻璃，朝桌上一放，不说话，问之再三，才知道，他这大半天，都在等那个把这块茶色玻璃“抵押”在他这里的人。

是那种老骗局，一个人卖所谓祖传宝贝，另一个人想买，没带钱，转脸看见大舅姥爷，求他把钱先垫付一下，以这宝贝再加一块手表做抵押，自己回去取钱去，马上就回来，还有重谢。

大舅姥爷垫付了三百块，然后等啊等，等到旁边开小店的人都不忍落了，提醒他说，这人是个骗子。大舅姥爷方才明白上当了，失魂落魄地转回家来。

我妈听得啼笑皆非，问他怎么就能信了，他说，那人将头发绕在玻璃上烧，烧不着，要么你再试试？我妈啪嗒就把那块玻璃打在地上，碎成两半，旁观了整个过程的我倒好一阵担心，万一那真是个宝贝怎么办？万一人家找上门来要怎么办？这当然是多余的，此事的唯一后果是，我大舅姥爷再也不愿意进城进货了。

他沉默地结束了货郎生涯，又去想别的致富门道。村里修水渠时，他在村口卖过“胡辣汤”，我还去喝过几大碗，至今仍记得那种彩旗飞扬锣鼓喧天的欢实劲儿。施工队撤了之后，他试着种西瓜香瓜等经济作物，还养过一种安哥拉长毛兔，卖兔毛，等到这个营生也逐渐衰落，他去帮村里的窑厂看砖窑，这个活最后被窑主亲戚顶掉了，他就到城里来找我爸，让我爸给他找点活干干。

我爸当过多年记者，这点人脉是有的，就把他安排到附近的一个单位看大门。这个工作对于大舅姥爷，真是得其所哉，他上了年纪，睡眠少，帮上下夜班的人一再开关门也毫无怨言，他话少，生得威严，那个单位，从领导到普通员工，对他很有些尊重，过年的福利也分给他一份。闲暇时候，他学会了修鞋的手艺，经常帮员工们义务修个鞋什么的，只收个成本费，很受欢迎。

大舅姥爷在这个职位上干了好几年，七十三岁那年回到家乡，他迷信“七十三八十四阎王不请自己去”的说法，再则，他的身体的确也大不如前了，他希望能死在自己亲手盖的那两间小砖房里。

这一愿望没能实现。他回去不久，原先住的圩子，被开发商看上了，找了村里的干部，动员村民拆迁。大舅姥爷不答应，村里停了他的水，他就去井里打水，停了他的电，他本来就不怎么用电，唯一的家用电器就是那两盏五瓦的灯泡，这下，他干脆睡到门口屋檐下，还可以防止拆迁队偷摸着拆了把他活埋里面了。

我仔细了解过开发商给出的价码，一平方米赔偿四百块，加上宅基地的补偿款也不过五六万，而开发商新建的房屋一平方米为两千元，也就是说，赔偿的那点钱，只够买个二三十平方米。我也觉得义愤，赞成大舅姥爷对抗到底，不过此时已是深秋，似乎不必睡在屋檐下。我跟大舅姥爷说，有什么事儿，给我打电话，需要的话，我可以立即赶回来。

过了好一阵子，大舅姥爷那边没有动静，我打电话问我妈，我妈说，他已经答应人家了。我惊叫道，这怎么行？我妈说，别人都搬走了，就他老哥俩待在那里，好像他们多难缠似的，村里人也老说他们，他们就搬了。

唉，其实我也懂，大舅姥爷爱他那房子，但更爱面子，生平最怕给人添麻烦，更受不了人指指戳戳，尽管，明摆着他是受害方。

接下那笔拆迁款之后，他和小舅姥爷一道，依傍小舅姥爷的养女生活。养女已经出嫁，和丈夫住在附近的集市上，有个上下一共两间的小楼，两个舅姥爷，就在楼下搭了两张床。那五六万补偿款，加上以前的积蓄一共十二万，他们一把交给了养女。

白天，养女夫妇出去打工，两个舅姥爷就帮他们带孩子，做家务，赶上逢集，大舅姥爷到门口支起补鞋摊子，小舅姥爷帮村委会扫垃圾，如果都能健健康康的，日子倒也颇能过得。

但大舅姥爷开始生起病来，也不是什么大病，他这一生，用这身体太狠，养护得又不够，像是一辆年老失修的破车，三天两头地要进修理厂，大舅姥爷每次进医院，都会被医院下住院通知单。

大舅姥爷是五保户，按政策医药费全报，但不知道哪个环节出了问题，医院的电脑里，硬是找不到他的名字。养女去找镇政府管这事儿的，管事的叫她去找村委会，村委会则赌咒发誓说报上去了，还叫她去镇上。

再去镇上，管事的那人正在跟几个人打牌呢，眼睛盯着牌说，等我把这回打完。好容易等他打完了，那人站起来，从包里抽出个塑料袋，上集买菜去了。等他买菜回来，得到的答复还是，找你们村委会去。

不得已，我找了跑新闻的同事，同事辗转找到该镇一个分管文化卫生的女副镇长。女副镇长答应得很好，就是不解决，其间周折我也忘了，一筹莫展之际，我发了条微博，说了这件事并爱特了当地县委公号。这条微博被一些影响力比较大的朋友转发，很快，舅姥爷的养女打电话来说，镇里派人来看他们了，答应马上帮他解决，同时也抱怨他们不该捅到网上，委屈地说："我们不就打个小牌吗？"倒说得大舅姥爷很不好意思，转脸就骂那养女不该到处讲。

大舅姥爷从此可以顺顺当当去住院了，住了几回之后，他不肯再去。说他看了那住院单子，每次都要花一两万，虽然不要他掏钱，那也是国家的，他这把年纪，不能这样糟蹋国家的钱。

舅姥爷就那样在家里躺着，以微弱的生命力，与命运硬抗。就在这同时，他周边的一些人，为他在谁家办丧事而争执不已，吾乡规矩，在谁家办丧事，收取的份子钱就归谁，舅姥爷这一生，不曾结婚生子，放出去的份子钱，可以做一次收回，数目想来不少。不巧的是，每一次，舅姥爷都出人意料地起死回生，将争执打断，让生活继续。

在那个春天末尾，大舅姥爷终于将生命清零，他没有留下子女，也未曾听说有什么感情瓜葛，他这一生，活得像一块石头，唯一的意义，似乎只是在石头上留下风雨的痕迹。记得我最后一次去看他时，是带着我的孩子去的。死讯到达时，我对儿子说，你还记得前几天我们看望的那个太姥爷吗？八岁的孩子眼皮都不抬地说，他死了是吗？我说，你怎么知道的？他说，我当时看到他躺在那里，一动不动的。我说，你有没有觉得他很可怜？儿子说，我们将来不都得这样吗？

也是，我们将来都得这样，这也许是生命唯一的公平之处。

阅读能解决我所有的问题

我妈有两个舅舅，我喊舅姥爷，受出身之累，他们都没有结婚，也没有孩子。老兄弟两个相依为命，一个特别能干，一个有点窝囊，很像《熊出没》里的熊大和熊二。

能干的是大舅姥爷，家里地里都是一把好手，当过货郎，进城给人看过大门，还有一手好厨艺，村里人办红白喜事都会请他去帮忙，他生得也庄重，眉目间不怒自威。

相形之下，小舅姥爷就太逊色了，笨嘴拙舌，笨手笨脚，稍稍复杂一点的事儿，到他那儿都成了高难度。有一个笑话在他们村流传了很多年，说是有次大舅姥爷让小舅姥爷赶集时买点红芋叶子，晌午，集散了，小舅姥爷拎着个口袋回来了，大舅姥爷看到那口袋就觉得不妙，打开来，根本就是一包糠。大舅姥爷勃然大怒，脱了鞋子朝小舅姥爷扔去，小舅姥爷一边躲，一边嗫嚅着分辩："人家说了，这是好红芋叶子揉的糠。”

两个舅姥爷，强弱搭配，勤扒苦做，却因了早年极度困窘的阴影，一分钱也舍不得妄花。村里跟他们情况差不多的人，后来都踅摸着寻个寡妇，或是从托人外面“带”个女人，白头偕老者有之，鸡飞蛋打者也有之，他们却只是冷眼旁观，转过头，依旧日出而作日入而息，长年累月咸菜下饭，把我爸送的旧衣服，都穿到褴褛。

在我们看来，这两个舅姥爷，当然是很惨，很值得同情的，但是有一次，在我家，大舅姥爷说起小舅姥爷，叹了口气，说：“唉，也算活了一辈子。”言语间很不以为然，还有点恨铁不成钢，让我突然意识到，在比惨的世界里，小舅姥爷处于最末端。也是，大舅姥爷好歹还有份骄傲支撑着，小舅姥爷呢，就少了这份自我认定，他似乎很容易就被他的命运整了。

即便这样，我还是觉得哪里不对劲，假如大舅姥爷的人生价值要由自己来定，小舅姥爷的不也同样？如果大舅姥爷没结婚没孩子没吃上好的穿上好的仍然觉得自己没白活，小舅姥爷可不可以把这辈子活得乐呵呵的当作价值所在？

我打小爱和姥姥去乡下，总见小舅姥爷愉快地出来进去，有时挎着篮子下地割草，有时像带着队伍似的领着羊群回家，更多时候，他歪在床上看书，那会儿乡下还没通电，煤油灯的影子摇摇晃晃，他看得忘我。大舅姥爷没法使唤他干活，辄有烦言，他总是一笑了之。我有次凑过去看是本什么书，封面用旧报纸整整齐齐地包了，上面有四个毛笔字，《封神演义》。

我于是跟他借，正看得入神的小舅姥爷舍不得，打开床头那个白茬箱子，让我另挑一本。整整一箱子书，有《三侠五义》《岳飞传》《水浒传》等，每一本都包了书皮，毫无破损，只是被摩挲出了一种包浆般的油润感。

我拿了一套《三侠五义》去看，看完再换别的。那个暑假，我掉进了各种演义的世界，在这个世界里，我还有一个熟人，就是我小舅姥爷。不管是饭桌上，还是在他用个铡刀铡猪草时，一聊起书里的人与事，一向寡言的他，眼睛不由得发亮，话也稠了起来。

他见识不高，开口就是："武则天坏啊，女朝廷。"他对曹操刘备的认识，也不超出《三国演义》提供的内容，但是他对那个世界非常认真，王侯将相、三教九流，仿佛都住在他家隔壁，他更熟谙那些刀枪剑戟，知道有神通广大的人如疾火流星，与各自的命运狭路相逢……两者对照，很难说，他对哪个世界更投入一点。我猜，就是这种投入，让他不为现实中的不如意所伤。

我曾把舅姥爷的故事写下来，投给一家报纸，当时他们在搞一个征文，主题是“阅读改变人生”。最终我的文章没有入选，刊登出来的，都是各种励志故事，通过阅读，他们当上了老师，做起了生意，去了外面的世界，他们的人生，被阅读确切地改变。

这些当然都是非常重要的改变，但我不认为小舅姥爷的那种改变就没有意义，贫困固然是一种不幸，平庸乏味也是，毛姆说，阅读是一座随身携带的小型避难所，这是个好比喻，阅读如同一束光，能够瞬间化平庸为神奇，像一根救命稻草，将你从各种不幸的泥潭里打捞出，它还可以是一种外援，让你在风暴中站稳脚跟，安妥好现在与未来。

几年前，我所在的那个行当，有两个高官相继落马。这俩人我都知之甚少，只知道一个是从最基层上来的，没上过什么学，气场强，气势足，官声不佳，但据说政绩不俗。另一位印象更浅，只听说是科班出身，不像前者那么有魄力。

在强大的证据面前，两人都选择了认罪，但认罪时的姿态，大有不同。有中层看过“霸道总裁”的忏悔视频，说，他非常失控，曾经那么威风八面的一个人，哭泣，畏缩，求饶，人也瘦了很多，满头白发，一看就是处在崩溃边缘。他后来被判了十几年，结果一下来，他彻底失常了。

平时不愠不火的那位，则平静得多，新闻里曾很简短地放了一段庭审过程，他高度配合，但说话间依然注意字斟句酌，我甚至感到，正是字斟句酌的习惯帮了他，让他不用把所有的注意力放在恐惧上。

此人后来被判得很重，有人去看他，谈起这场变故，他说，是他读过的那些书救了他。他过去也爱读书，但只是自以为读过，出事之后，他想起书中字句，才明白了其中真意。现在他在里面，倒能专心读几本书，要是还像过去那样，他起码要少活十年。

我对贪官没好感，但这件事却让我感到阅读的巨大力量，不管你是怎样的人，在怎样的处境中，只要你曾珍重地对待过它，它都会以某种特别的方式，给你以救赎。

至于我自己，我灵魂不强大，又非常情绪化，时刻准备怒从心头起，一不小心就万念俱灰。还好我还有阅读这样爱好，它像一个最好的中间人，将我与纠缠得难分难解的生活拉开，片刻隔离之后，回头再看，神马都是浮云。阅读能治百病，更妙在成本低廉。只可惜此身非吾有，明知道读书是这么好的事，也无法全情投入。

活到这把岁数，我渐渐不再羡慕别人的生活，唯一羡慕的，是站在公交车站牌下，也能读得进哲学书的人。周围喧嚣繁杂，人人都在翘首望向远方，公交车照例迟缓得让人绝望，唯有那个把自己放进白纸黑字的人，掌控着自己的节奏，时时刻刻都在天堂。

清河路

火锅往事

悬空岁月

偶尔回家乡小城，过去的同事要请我吃饭，问我最想吃什么，我说火锅。

同事带我来到一个很堂皇的酒楼上，坐下，服务员端来洁净的餐具，又送来两只小锅，说是现在流行这种一人份的小火锅，卫生。我笑，心中却想，这不是我的初衷，我原本想以火锅为桥梁，为道具，重温那些一去不复返的时光，那时，我们的火锅，不是这样的。

N年前，我从上海读书归来，回到小城，一时找不到工作，托了关系，且在一个杂志社存身。说起来好像跟我的写作特长也算对口，事实上，我在那里做的无非两项：校对和包杂志。后面这项是纯粹的体力劳动，那是个内部刊物，发行量极其有限，每期杂志出来了，全靠我们，按照发行单子，一包一包地包好，写上姓名，拉到邮局寄走。

从那时起，我就发现，要不是挣钱少，体力劳动其实更有趣，比如说，到了包杂志的时候，人手不太够，需要一两个外援，我们通常是喊楼下烧水的大婶，和固定来收破烂的老王，有时，其他女友闲着无事，也会来搭把手，如果是后者，那一份额外的劳务费，就用来打发当天的午餐了。

我始终深刻地记得，是又干又冷的冬天，我和同事，还有另外两个女友，一边说笑，一边包扎杂志，不觉临近中午，话题便转到中午到哪儿吃饭呢。有人建议去吃自助火锅，于是，饥寒交迫的四个人，抖抖索索地走很远的路，来到一个叫作“军转干部培训中心”的地方，餐厅的玻璃墙上，斜斜地用红色颜料写着，“每人十二元”。

取来豆芽、海带、羊肉、鹌鹑蛋……自己去调芝麻酱或者蒜泥酱，火锅由平静到沸腾，其间是八卦、轶事、玩笑，间或也有个人一点点小情怀，关于未知的爱情，理想的生活。没有着落因此难免卑微酸楚的时日里，寒碜的火锅店里，几个女孩子的相互慰藉，现在想来，像部老电影一样感人。

那个时候，我不知道自己的未来在哪里，经常半夜半夜睡不着觉，我想会不会我终身这样漂流，被抛入灰暗的底层？想着这些时，能听见近处的车轮和远处的狗吠，似乎，还有极远处的鸡叫声，当曙色隐隐透过窗帘，天光即将变白，我心里就会涌起无法自控的急促慌张。

机遇就像电话铃，到来之前总是全无预兆，不久我就有机会离开小城，之后在这条路上越走越远，又过了一些日子，我可以断定自己再也不会回到起点，再想起那些悬空的岁月，反而有了怅然的怀念，而那种怀念，又具象为对小城浮游的景物的怀念，其中，就包括了那小小的火锅店里，混杂着牛油、羊肉、芝麻酱味道的热雾，以及，热雾中闪动的一张又一张脸。

刚来到我现在生活的这座城市时，首先进入视线的，也是火锅。当时我借住在双岗附近的朋友家，第一次按照电话里说的地址找过去，就看到路边一座很特别的门头上，写着“蜀王火锅寨”，这五个字摞一起，很是生猛彪悍，不由想那里面的火锅，也当劲道十足，等我在这个城市里立住了脚，一定要来大吃一顿。

后来才知道，这家火锅无须这般仰望，去熟了之后，也看得稀疏平常，只是，有一晚，我从里面出来时，在匆促杂乱的告别之余，轻轻回望了一眼，想，假如有一天，我离开这城市，回想起客居的这段日子，这个火锅店挂着红灯笼的门脸，也应该成为经常从记忆中浮起的意象吧。

然而，我也没有到别处去，在这里，结婚，生子，买了一套房子之后，又买一套——第二套是用来给孩子攒学费的，这样远的计划，看来，与这城市，是准备地久天长了。

再也回不去了

只是有时，会去外地走一走，或是出差，或是自助游，回来之后，风景大多要对着照片才能想起来，关于饮食的记忆，却随时可以被味蕾上的生理反应唤醒，而那些凌乱芜杂的记忆，竟大半和火锅有关，而且，与冬天有关。

二〇〇三年冬天，去北京出差，轮番采访成龙谢霆锋Twins娇陈冠希等一大堆明星——那时“艳照门”事件还没有爆发，娱记们最惦记的是容祖儿——很晚才结束，接到朋友电话，说，我们来接你，去吃火锅吧？

实在是太晚了，找了很多地方，最后，居然有一家名叫“皇城老妈”的还没打烊，来自重庆的朋友很高兴，说这个连锁店，在重庆也算正宗的。

但很快发现，那家店还灯火通明，是因为在准备第二天的一个盛典。送上门的生意当然要做，却同时要做包括试音响在内的诸多工作，于是，那一晚，那些和文学有关的话题，就不断被突如其来的炸响打断。大家都辄有烦言，但过后想想，那个火锅的味道还真不错，足够麻，足够辣，点睛的是一盘由芝麻、辣椒粉和花椒粉组成的蘸盐，麻辣鲜香，一入口，便调动起味蕾的全部激情，与它热烈呼应。

除此之外，记住的还有，在场的有一位说起他喜欢的一句泰戈尔的诗“我心绪不宁，我思念远方”，我一度用来做我的MSN的签名。

第二年冬天，我的第一部书稿交给出版商之后，以一趟远游作为对自己的犒赏。和小姨一道，先去开封，再到西安，最后一站是成都，在灯火华丽的琴台路，与“皇城老妈”不期而遇，与京城那家相比，它的门脸更加的精致体面。

味道依旧不错，尽管如此，也不妨碍我时不时抬头左顾右盼。很快就发现，边上的那一对男女，值得我这个超级八卦的人注意。

男的大概可以算是社会上流行的“成功”男人，衣着光鲜，头脸干净，可以出演“简约而不简单”的广告。女的年轻时也是位佳人，现在有点儿老了，也不是特别老，四十岁左右的样子，打扮得颇为用心，手边的包包上，绘满“LV”的LOGO。

俩人点了一桌菜，根据刚才的菜单价格，起码得逾千元，还点了一瓶洋酒，桌面上豪华得紧，但是俩人却对坐着，不吃不喝，男的不动声色，女的一个劲儿地抽烟，渐渐地，把脸转到一旁，我看到了她眼中的泪。

这两个人是什么关系呢？即将离婚的夫妻？别后经年物是人非“我们再也回不去了”的情侣？总之，是一对伤心人吧，不，应该是一个，恕我眼拙，对男子的情绪，看得不是很分明。但是，有句话说得铿锵：宁可坐在汽车里哭，不愿意坐在自行车上笑。这话是有点儿绝对了，但是，有钱人的伤心，怎么着都好过一点吧，昂贵的餐厅里的分手宴，温暖舒适，像是电影里的场面，凭空制造出一种隔离感，于是与那伤心的距离，也远了一点。

再想想，还曾在山东的某个小城，与另一家比较有名的重庆火锅连锁店“小天鹅”邂逅，那是深秋时候，餐厅却放着齐秦的“大约在冬季”：“轻轻地我将离开你，请将眼角的泪拭去，漫漫长夜里，未来日子里，亲爱的你别为我哭泣……”眼前火锅热雾弥漫，窗外暮色缓缓堆积，忽然，也有一种类似乡愁的想念梗在了心头，想念的不是某个人，某个地方，而是那些一去不回头的岁月，那些青涩的、卑微的、情怯的，深一脚浅一脚的岁月，它们，会在什么样的地方等着我呢？

而我，也是再也回不去了啊。

我十四岁时在小城遇见的燃灯者

我五岁那年，搬到父亲所在报社的家属院。我家在巷子里靠西边，东边的院子空着，高高地长满了草，夏天里会开出花朵，有风没风都轻轻摇曳。我经常一个人溜进去，唱歌，跳自己编的舞蹈，像个原始人，体会那没有章法的快乐。

空院子朝东是某官员家，官员尚且客气，官员夫人却很倨傲。有几次我妈下夜班，推车经过她家门口，车轮碾着本来装得就不很稳当的水泥板路，咣当声惊动了她。她冲出来大骂，用词十分强悍恶毒，我妈也不是吃素的，也不懂官民差距，两人大吵一架，就此交恶。

再朝东就临近巷口了，住着王叔一家，他们家异常安静，只是偶尔会飘出琴声，是他们家女儿在练琴。王叔是副刊编辑，恢复高考后第一届大学生，在二十世纪八十年代初，算得上高学历。有几回，我在我爸办公室里写作业，王叔闲闲地踅进来，丢过来一本《诗歌报月刊》或是别的什么，上面往往是他的新作，让我心气极高的老爸，也为之叹服。

王叔的妻子与他气质相似，身材高挑，面庞雍容又清秀，我爸老说她像个朝鲜族人，大概指她身上那种没有烟火味道的清爽吧。

在当时普遍鸡飞狗跳的生活中，王叔一家活出了某种优裕的规整，我本能地有一种距离感，远远看见了心里也会犯难，不知道该不该像对别的叔叔伯伯那样打一声招呼。我隐隐感到，他看不上这些俗世规矩，况且，许多时候，他的眼神也是飘忽的，我就是打招呼，他也看不见吧。

这种状态我十四岁那年被打破。那年我读初二，学习成绩一般，唯有作文写得还行，青年节前，班主任嘱我写首诗在学校的庆祝活动上朗诵，我花了一节数学课的时间，写了出来。

在家里试着朗诵时，被我爸听到了，他当然认为这是一首佳作，但残存的理性告诉他，还是应该听一听业内人士的意见。他拿着这首诗，来到王叔家，王叔看完后，说："不错，不错。"

这让我爸更加兴奋，说王秋生向来眼高于顶，能说两个"不错"，那一定是真不错。又过了几天，我爸说，王叔让他转告我，把那首诗誊抄给他，可以在副刊上登一下。

那是我发表的第一篇作品。我心中感谢王叔，却还是很畏惧他，要不要打招呼这件事，比以前更加困扰我，但无疑，我写作的热情提高了，开始在闲暇时写点自己想写的东西。

有一次，我写了一篇对于三十岁的向往，以我如今四十岁的高龄，看三十岁的姑娘都是少女，但在我十四岁的时候，却觉得三十岁的女人，已经饱经沧桑，只是那沧桑是美丽的，因此让我向往。

我爸作为第一读者读完，完全找不到北，只好又拿去给王叔看。在我爸回来之前，我心里一直是忐忑的，我想他会怎么说呢？矫情？无病呻吟？大人不会懂这种感受，何况，我自己也觉得，我有意无意地将某种情绪放大了。

我爸很快就回来了，让我跟他一块儿去王叔家。当着我的面，王叔嘲笑了我爸审美落伍，说他不能看懂这种文字里的“情怀”，又从书架上取下几本书，让我拿回去看看，其中有两本是三毛的，还有一本都德的《磨坊书简》。

像是一个新世界就此打开，我的阅读和写作，进入了一种全新的状态，我想写什么就写什么，想怎么写就怎么写，那些不易出口的心事，言过其实的情绪，以及突兀得不合乎语法的表达，王叔都能看出好处来。有的，他还会拿去发在报纸上。

此外，王叔还有一种读书人里罕见的慷慨，经常把自己才买的书借给我看。我最初看到《文化苦旅》，便是在他这里，虽然如今的余秋雨毁誉参半，但在当时，在国内的散文家里，的确无有出其右者。

即使到今天，我仍然愿意把《文化苦旅》推荐给中学生，余秋雨的某些姿态的确是装了点，但对于年轻人来说，有许多情怀，是先从“装”开始的，装着装着就成真的了。就像当年我们读《红楼梦》，一大半兴趣来自于可以将自己代入成林黛玉，不管怎样，先进去就好，总是要有进得去出得来这样一个过程。

有时，王叔也不是很认真地荐书，但三言两语中就能让我有种领悟。比如他说杜甫好，我原本是喜欢王维和李白更多一点的，对于杜甫，只知道《石壕吏》这些政治正确的“史诗”，但王叔将“人生不相见，动如参与商”随口一念，我也顿感惊心。

如今想来，并非是王叔念得有多好，而是，相对于课本，我对他的信任度高得太多，那种信任，还原了被课本屏蔽掉的杜甫的好，我后来又将杜甫许多诗句读进了心里，到现在，他都是我最爱的诗人。

王叔也跟我说鲁迅好，也是随口念出几个句子，我曾经有口无心地背下来的句子，被他念出了奇妙的质感，我再去看鲁迅的文字，果然如香菱学诗所形容的，仿佛舌尖上有个几千斤重的橄榄。有一段时间，我读鲁迅读得如醉如痴，如今看鲁迅，不再全盘接受，但我依然爱他金钩铁画般的文字，感谢王叔，让我早早感受到那种美。

太和的作者苗秀侠，就很羡慕我这种近水楼台，虽然，她同样受益不少。

我见到苗秀侠是在某天晚上，王叔亲自过来喊我，说，苗秀侠来了，你来见一见吧。

我知道苗秀侠这名字。她原本是太和县的一个农村姑娘，天生灵气，一边务农一边写稿，被王叔从无数作者中发现，极为激赏。他才不在乎发稿节奏什么的，有段时间，几乎天天有她的稿件见报。在当时，地方报纸副刊的影响力惊人，连地委书记都注意到这个“会写”的女孩子，特地坐了车去看她，还帮她解决了工作。

那晚出现在我眼前的苗秀侠，相貌与笑容都很朴实，和我见过的其他村姑并无太大差别，只是一谈到阅读和写作，她的眼睛里立即呈现出某种光彩。她羡慕我住在王叔家隔壁，说：“如果是我，我不睡觉也要把那些书全看完，王老师信里提到的很多书，我们那小地方都买不到。”

“能看书多好啊。”她抬起头，望着天花板说。我能够想象这句话背后的内容，能看书，就能最大限度地打开自己的七情六欲，现实退场，幻象自动浮现，那时还不流行“穿越”这个词，阅读，却能让我们不依靠任何装备，就从当下，穿越到想去的地方。

这，或者是王叔对于我们最大的帮助，他教会我们自在地写，也教会我们把时间放在读什么上。我再大一点的时候，他又对我说，不要再读三毛了，其实她有一点矫情。他交给我的书，是《异端的权利》和《人类的星群闪耀时》。有时，他也会把最新出的《读书》交给我，说里面有篇什么什么文章，你可以看看。

他不只是这样待我，那几年，小城里但凡写得好一些的作者，都会被他所注意。我常常会听他愉快地说起，谁谁写得不错，虽然俗了一点，但那种俗有俗的好；谁谁读书很多，笔法艰涩，但像书法里的枯笔，也是一种美。他的那种孜孜然，超出了一个编辑的本分，我不知道，是什么，让他乐此不疲。下面县市的作者经过小城时，甚至都住在他家里。

但他对我和苗秀侠，又是不同的。苗秀侠后来嫁到南方，任性地放弃工作，几年后，她携夫君归来，想在小城找份工作，王叔十分上心，与其他朋友合力，帮苗秀侠落下了脚。而我，在一九九九年底，感觉很难在合肥生存下去，给王叔打电话，想回小城到他手下谋个生计——他时任某周刊总编，却很坚决地说，你不要回来，你回来干吗？

在当时，我是有点怨艾的。数年后，才觉出他的用心良苦，我与苗秀侠不同，苗秀侠拖家带口，有个地方容身是当务之急，我只身一人，为什么不走得更远一点呢？我感谢他当时坚定的拒绝。

这几年，我跟王叔见面不多，他偶尔会发来邮件，跟我推荐，某个作者不错，你可以关注一下，有时，还会转一些文章给我。我一向很头疼亲朋好友转稿，大多都写得很可怕，唯有王叔不同，那些作者都不与他沾亲带故，他是真的觉得好。

还有一次，他途经我家，同行者为一对夫妇和一个小姑娘，他说这小姑娘擅长写剧本，他带他们去找他的一个同学，看看能否有更多机会。我心中失笑，在这个女孩身上，我看到当年的自己。

有次参加省作协会议，来自于吾乡的几位作家，大多都曾得王叔指教，在我们那个小小的城里，他算得上一位燃灯者，我不知道，是什么，让看上去疏淡的他，有这样一份热情，在这样的时代里，他的热情，甚至有一种古意。

我庆幸我在那条巷子里遇见王叔，在人的一生中，有许多次遇见，遇到友谊，遇到爱，遇到懂得，遇到崇拜……

遇到一个领路人尤其重要，在如吸墨纸一般，随便吸收个什么就能晕染得一塌糊涂的年纪，遇到一个有水准可信任而且还助人为乐的人是多么好，他读过的书，走过的路，看过的云，起伏过的心思，都有可能成为你的某个起点，你一下子就站到那里，然后走下去。

而王叔最让我敬重的地方是，他总希望，有一些人，能走得比他更远。

八十年代末的文艺气氛

我曾经写过，快三十年前的一个夏天，我小姨带我和我弟弟去溜冰场，溜冰场的管理员，是个二十来岁的男青年，他通过自己的办法，和我同样年轻的小姨搭上了讪。在最初几句言不及义的对白之后，他们迅速把话题转向了文学，这个年轻人告诉我小姨，他刚刚朝小城的报纸副刊投了一首诗，正在等待编辑的回复。

在我们那个年代里，谈文学的人不古怪，不谈文学的人才古怪，征婚启事上都要标注一句“喜爱文学”，否则就无法引发美好的想象，我见到有人还细化到“热爱李商隐”。

我爸妈要看每一期的《收获》《小说月报》和《人民文学》，在饭桌上谈王蒙和张贤亮，后来他们又喜欢上了余华；邻居家的男孩女孩更热衷于谈论朦胧诗，北岛、顾城和舒婷，他们家有一本封皮黑乎乎的因此显得特别朦胧的《朦胧诗选》，我借回家抄了很多首，现在还能记住其中的很多句子：

“一切都是命运，一切都是烟云，一切都是没有结局的开始，一切都是稍纵即逝的追寻。”

“告诉你吧，世界，我不相信，纵使你脚下有一千名挑战者，那就把我算作第一千零一名。”

“我是你河岸上破旧的老水车，数百年来纺着疲惫的歌；我是你额上熏黑的矿灯，照着你在历史的隧道里蜗行摸索，我是干瘪的稻穗，失修的路基，是淤滩上的驳船，把纤绳深深勒进，你的肩膊——祖国呵。”

……

不得不还回去时，无限惆怅。

有一天，我的堂哥来我家，带来他的一个朋友，和他一样，二十郎当岁的年轻人，在本市电力局工作。这位朋友听说了我对《朦胧诗选》的向往之后，说，他正好有一本，我可以到他们单位去取，他给我写了一个号码。

我将这视为来自成人世界的邀约，距离溜冰场遭遇诗人又有几年了，我已经长成了一个十四五岁的少女，对成年人世界，充满了探头探脑的好奇，认为他们一定在经历着一种更丰富更有意思的生活，但跟我父母又不同。如今我收到的这个邀约，还和诗歌联系在一起，我快乐了很久，终于做足心理建设之后，我拨通了那个号码。

一个声音甜美的女人告诉我那人不在，又不无愉悦地追问我是谁，我只好说，我是他妹妹。她笑吟吟地（隔着电话也能感觉到）说，我没听说他有个妹妹。我无言以对，默默挂了电话。

我猜，这个女子一定是在爱慕着那个拥有诗集的年轻人，她心里很有把握，但还是对陌生来电有着温和的戒心，我猜想她性格斯文，长相和声音一样甜美，二十世纪九十年代初的办公室恋情，祝愿他们终成眷属。

我啰啰唆唆地说这么多，就是想让你感受一下二十世纪八十年代末到九十年代初的文艺气氛，我突然怀念它，是因为最近看了很多一些关于“文艺和钱”的文章。在最没有钱的年代里，我们自发地热爱文学艺术，如今多多少少有了一点钱，居然有这样一个问题：“没有钱，谈什么文艺。”这种问句是作者的反讽也好，自嘲也好，都说明这个句子在日常生活中一再出现，在我们那个年代，还真没想过，钱和文艺有什么关系。

这个句式，还出现在关于“丑男”与“暖男”的问题里。有人说中国男人丑，就有人说，那是因为，再丑的男人，只要有钱，女人都能睡得下去；有人呼吁暖男，也有人问“没有钱的暖男，你会要吗”？我本来想说，有钱的男人，有冷暖之分，没钱的男人，也有冷暖之分，暖的总比冷的可爱一点。但很快，我意识到，这不是有钱没钱的问题，而是，和我们那个时代不同，如今的时代，阶层感实在太强烈了。

在这个“小时代”里，美丑冷暖文艺不文艺，都是没有意义的，似乎，人们被分成两个阶层，有钱的与没钱的，或者说，有资源的与没资源的——大部分年轻公务员没啥钱，在婚姻市场依旧受欢迎。

只要手中有资源，就一定会被仰视被赞美——冷漠是酷；粗暴是气场强；没文化叫作直爽；王思聪的毒舌不管着不着调，都会招来一堆女青年自认他们家少奶奶；当年梁洛施跟李泽楷刚好上时，明说了她不喜欢帅的，她喜欢黑的、胖的、不高的，她没说那个前提，当然首先得是有钱的。

电影里还在演屌丝和公主的爱情，你知道它真的只是在“演”，假如说在当年诗歌可以装饰煞有介事的灵魂，现如今早已唾弃了它的人们，选用名牌服饰装饰自己的周身。最具文艺范儿的安妮宝贝，也会让她笔下的男人穿“价格不菲的白色衬衫”，住开满鲜花的别墅，给未婚妻送黄金龙凤镯，在文艺女青年那里，文艺范儿还是一份提升身价的嫁妆。

似乎，这样，也没有什么不好。阶层感更强的社会，会让人们更努力，更上进，更想要超越自己的阶层，从而制造更多的东西。但我还是感到，与它制造了那样强烈的阶层压迫感相比，实在有些得不偿失。

在这样的社会里，人们的眼睛都像是自带二维码扫描，看一眼，就能够把你归类。我的女友是个高校老师，她跟我说起最近烂桃花比较多，还被某快递员示爱，这当然是个玩笑，我们也聊得哈哈大笑。但是，如果没有那么强烈的阶层意识，快递员的示爱，也不会显得这样荒诞吧？米兰・昆德拉的小说《生命中不可承受之轻》里，托马斯被迫离开手术室，变成一个清洁工，照样艳遇不断，在当下社会，也许就会被人拟个标题叫作《骑着自行车去见情妇的有妇之夫》。

我不是肯定艳遇，我只是为自行车鸣不平。在我们那个年代，我看过一部电影，有个搬运工爱上一个女干部，朋友们都笑话他癞蛤蟆想吃天鹅肉，他理直气壮地说，我长得也不丑，挣得也不少，我比谁差了？

放到现在，这位搬运工只怕难再有这种自信，人们会称呼他“屌丝”“loser”“矮穷挫”……还会拎一拨人跟他们相对应：“土豪”“高富帅”……搬运工标榜自己挣得不少，但能跟富二代比吗？即使不能像王思聪似的，老爹大手一挥就先划五个亿给他折腾，但真的像刘姥姥说的，人家拔根寒毛比你的大腿还粗呢。

在我们的时代里，我爸作为连级转业干部月薪五十二块，我妈作为工人只有二十八块，收入差别似乎不小，但大家都没什么家底，多那二十多块，若是有个贫困的农村背景，基本上也就扯平了。经济上无法攀比，倒空出大把时间来收拾自己的灵魂。

这是一。

其次，我老觉得如今社会人们这样急吼吼，也和计划生育政策有关，在我们那个年代，人们通常有两个以上的孩子，鸡蛋放在几个篮子里，有一种模糊的拉扯作用。一个兄弟三个帮，做父母的不会那么焦虑地希望孩子混到更高更安全的阶层去。如果不是执行如此严格的计划生育，中国经济是否会这样高速发展我不知道，但也许，人们能活得更从容一点，不会老惦记着超越阶层这件事。

这种阶层压迫感，给每一个人都带来伤害。最底层的人会被轻视被践踏，混得还不错的，也要虚心做更高阶层鼻息下的屌丝，并时时提防着生活下降。每个人都战战兢兢如履薄冰，而最糟糕的，就是前面说的，你不觉中接受了社会的规定，知道什么可以爱什么不可以爱。

你还不断被告知，哪些人可以文艺，哪些人不必变美，哪些人再温暖也没有意义。社会变成一副巨大的十字绣，每一针一线的走向，都早有规定。这可能，是我最不喜欢十字绣的原因，内容还在其次。

我因此觉得我在铁艺店里遇到的那个小老板有一种英雄气质。那是在四年前，我要安装几个铁艺窗户，本城太湖路上很有几家铁艺店，我随机走进其中一家。老板是个四十岁左右的中年人，不高，微胖，与我在装修过程中碰到的其他小老板唯一的差别是，他的桌子上，放着一本《红楼梦学刊》。

作为一个选择困难症患者，我没法当即确定是不是在这家定，看了几眼，就离开了。下次我再来，看见老板在翻读张爱玲的《红楼梦魇》。若是在我们那个年代，我也许立即就会和他展开关于《红楼梦》的讨论，但当时，我只是继续跟他谈价钱，确定款式，付定金的时候，我需要在他的本子上写下我的名字和电话号码，他抬头看看我，说，你是不是写过一本书，叫《误读红楼》？

我承认了，彼此却也没有别的话说，他优惠了一百块，这是在这个时代里，红迷之间比较合适的一种致意了。

窗户装完之后我们再也没有联系过，我有时开车会路过他的小店，他让我想起老作家刘斯奋说过的一个典故，说是在古代，有个南京小老板跟他的同伴说，他要快点收摊，好赶得上去雨花台看落日。我不想用文艺范儿这种词来形容这类人，他们给我的感觉，都像是一座房子，面积不大，装修简朴，但窗明几净，玻璃杯里有清晨带露采下的玉兰和栀子，看得出，是被认真收拾对待的居处。

每个人的生活，都像是一处房子，有的人占地面积大，有的人仅能容身立足，但不见得只有大的才值得花心思，小的居处，同样应该被认真对待。毕竟人生只有一次，日子，最终是你自己的，不管是大还是小，都值得放进足够的美、浪漫和温暖，这些，应该是能够超越阶层的事物。

我们这个年纪的人，大多爱过舒淇

那天我在北京，参加一个活动，正坐在沙发上等化妆。为了克服在陌生环境里的拘谨，我掏出了手机，竟然刷出舒淇和冯德伦宣布结婚的消息，我不由念出了声。这消息像是滚油里滴进的一滴水，人们不约而同地聚拢过来，背景不同的人有了共同的心领神会：哦，舒淇和冯德伦结婚了。

舒淇结婚，尤其是和冯德伦结婚，这喜讯不同寻常，因为舒淇本来就是一个不寻常的女子，对于我们，她更是一个典型，一个象征，一场残酷青春，和更加残酷的后青春时代，她不断地在蜕变，始终未曾被世界完全接纳，但总是我们心中最好看的样子。

最早看到舒淇，是在电影《玻璃之城》里，在朋友家中看的盗版碟，周围一堆人，乱哄哄地说笑着，碟片质量差，放得磕磕绊绊的，我有一搭没有一搭地朝电视上扫一眼，猝不及防的，舒淇在屏幕上出现了，她的一个回眸，让我和原本玩得正嗨的黎明一样，错愕地愣在那了那里。

舒淇并没有一张特别标致的脸，她肤色偏黄，也不明眸皓齿，但是她海藻般浓密的长发，丰满的嘴唇，距离略远所以若惊若诧的眼神，凑在一起，是一种小兽般的天真和不设防，她让我想起少年时见过的那些美丽女生。

她们也是那般我行我素，坐在声名狼藉的男生的自行车后座上，呼啸着穿越频频侧目的人群。家长总是如临大敌，对我们再三叮嘱，殊不知我们内心多么想成为她们却没有勇气也没有资本成为她们，只能远远地看着，想象她们的去处，以什么样的表情与人说笑，她们早我们一步踏入那个叫作“社会”的地方，大人说那里鱼龙混杂乌烟瘴气，我们很好奇，也不无向往。

后来看报道，舒淇正是我脑补出来的那种陋巷美人，绝色尚未长成时，足以吸引到街巷里的男生，她无思无虑，不知道掩藏，和他们一起喝酒、打架、骑飞车，十六岁被星探发掘，当上了模特，之后又被王晶看中，出演了一部又一部的三级片。她青春的元气与叛逆一气呵成，虽然她母亲为她的那些照片感到羞愧，她已经习惯了任性。

命运仿佛对她特别厚待，少年时容许她恣意妄行，成年后，她那种略经打磨的原始诱惑，又使得她成为娱乐圈里独一无二的这一个。从三级片到文艺片的转换，在舒淇身上来得特别自然，这也符合世间规律。铁凝的小说《永远有多远》里的那个西单小六，少年时轻浮妖娆，以诱惑和被诱惑为乐事，荒唐到被父亲绑在院子里跪搓板，许多年后，她成为酒吧的老板娘，成熟亲切，步态悠然。有一种女人，能做到永远花开不败，每一个年龄，都有每一个年龄的好。舒淇曾说，没有演过三级片的她，就没有后来的她，她身上那种青春无敌的感觉，的确是一个循规蹈矩的女孩演不出来的。

如果不是遇到爱情，舒淇这一路走来如行云流水，水到渠成，但是，当她想要恋爱，过去种种，便不只是积累，而成了巨大的包袱。在《玻璃之城》里，舒淇与黎明阴差阳错，彼此几番失而复得得而复失，屏幕下，舒淇与黎明同样彼此深爱，却无法在一起。这使我后来重看《玻璃之城》时，常常把那个抱着膝盖坐在阳台上的舒淇，想象成她现实中的样子，她心事沉沉，无地放逐，也许曾悔不当初，然而为时已晚。

人人都知道那原因，黎明家世清白，舒淇过往复杂，据说黎明的父亲尤其反对，不能容忍一个被那么多人“看过”的女人进门。这件情事终于告终，却留下漫长的尾声，黎明娶了乐基儿，一个和舒淇长得那么像的女孩，而且也非宜室宜家的女子，只是她虽然传出整容隆胸和老外约会等消息，却没有拍过三级片，我不知道，是否是这点差距，让黎明如是选择。

舒淇的情伤却来得漫长，年华流逝，她不再如当初那么美，脸上的色斑逐渐分明，但她眼神里有她受过的伤害，却也有对未来的期待。对于爱这件事，她似乎依旧是不设防的，随时准备投入，把自己给豁出去。

她和张震相识于《最好的时光》，看上去会有比和黎明更好的结局，黎明饰演的每一个角色，都是被动的，端凝的，被人捧在手中的，张震不同，他虽然在年少时即出演了《牯岭少年杀人事件》，被更多人所了解，却是因了一部《卧虎藏龙》。在剧中，他可以带章子怡从她的现实里突围，过不同的生活，我们可以想象，他必然不像黎明那样瞻前顾后，可以为了爱勇敢一点点。

然而，历史再次重演，张震的父亲，像黎明的父亲一样不能接受舒淇，由此我们可以看到一个男人父母的差别，男人的母亲多是因为性格门第不能接受一个女人，父亲则要扯到家风等更为高屋建瓴的事物上去。

只是这一次，舒淇与张震处理得更为妥帖，即便舒淇含泪观望张震的婚礼，也不失之为美好。造化总是弄人，但人也可以拒绝总为造化所弄，做不了恋人，也可以做朋友，好的恋情，往往本来就有友谊打底。舒淇的不回避，也是她的勇敢。

但不是每一个人都能理解这种美好，新闻评论里，总见人言之谆谆，认为这是舒淇在为当初的“错误”买单，言下之意是女人的一步行差踏错，就会让她们永失真爱，岂能不小心谨慎步步为营？舒淇微博上的那些呢喃更是被人看尽了笑话。今年六月，她在微博上放出跟冯德伦的合影，众人纷纷猜测是否为公布时，冯德伦称只是老友叙旧，这让舒淇几乎变成了一个大笑话，太多人愿意看到这个女人无法上岸，否则怎么对得起我们循规蹈矩的青春。

但是，在这个秋天刚刚开始的时候，舒淇真的和冯德伦宣布了婚讯，我如此喜悦的缘故，大概是因为我愿意看到，女人可以通过不同的路径成长；在残酷青春之后，衔接上的是美好安详的人生；有一些事，不再是男人傲然的谈资却是女人终身的红字；我喜欢的女孩获得了她想要的爱情，这，有多么好——我并不觉得婚姻就是女性价值的终极体现，只是我赞赏女性获得独身的自由，也赞赏女性获得想结婚就能够嫁给心上人的自由，就像就业与待在家里的权利同样应该被尊重一样，恨嫁和独身，都无须羞愧，我很高兴，恨嫁的舒淇，终于随心所愿。

不免想到少年时代里，坐在男生的自行车上与我擦肩而过的那些女孩，她们长发飘飘，明亮的笑声像是还在耳边，她们依然是去了我所不知道的地方，以我所不知道的姿态生活着。但我愿她们能够被她们的生活所滋养，了悟更多也懂得更多，愿她们之后的道路都光明，美丽一如当初。

中年男女隐秘的爱情世界

我爸有个老友，跟他差不多年纪，在粮食局工作，我喊张叔。打小我常见张叔来找我爸聊天，他们的样子也差不多，都谢顶，微微佝偻，笑容很长辈，我那时忽略他，就像忽略我爸每一个如此这般的朋友。

后来我离开家乡，去另外一个城市，听说张叔的爱人李姨突发脑溢血，脱离生命危险之后，成了植物人。

这的确是大不幸，但这样的不幸每天都发生着，不是在这个人身上，就是在那个人身上，我对张叔的同情更多一点，却也无法更往心里去了。

八年后，我在一个亲戚的喜宴上遇到张叔夫妇，经过天南海北的医治，李姨已经醒转过来，只是智力受损，面容与身形都显出病态的臃肿，表情却是五岁女童般的娇痴，席间要东要西，或是与人鸡同鸭讲。

张叔始终表现得很有耐心，甚至还有点欣赏，他侧过脸，鼓励地微笑着，眼角自然的笑纹，证实他此刻真如看一个五岁的小女孩那样，爱意满满。

我跟他攀谈起来，问他当初发现李姨变成植物人时的感想，他说，“失而复得”，又补充道，“我开始以为要失去她了。”

他这回答让我意外，我以为他即便不会跟我细诉当时种种艰辛，也最多高风亮节地一笑，显示一位长辈“尽在不言中”的淡定。可是他说，“失而复得”。这四个字，有大喜悦，她命悬一线之际，他恐惧地以为要失去她了，所以后来，单是她还能在身边就让他惊喜。

虽然那陪伴如此沉重，这些年来，他遍访名医，负债累累，嗅惯不同医院的味道，拭擦，喂饭，阳光好与不好，他都坚持坐在她身边讲笑话，据说就是一个屎尿屁的笑话，让沉睡着的李姨突然露出笑容，以孩童的面目重现人间。

我将此事当成一个尺子，去量世间爱情，有多少传奇，纷纷折戟沉沙，羞赧地败下阵来。我因此去了一些年轻人的轻浮，对于我爸他们的世界，不敢再随意地删繁就简。活得长的人，经得事多，被爱情这东西历练得也多。张叔是个例子，还有位建国叔是另外一个例子。

建国叔并非建国那年所生，他比我爸小十岁，出生于一九五八年，算是我爸的战友，我爸做连队指导员时，他是刚入伍的新兵。我爸很快退伍，数年后，与他重逢在小城，他在某机关上班，爱女娇娇小我两三岁，我们两家离得不远，我常去找娇娇玩。

我们一起跳绳踢毽子，有时也玩过家家，如果想玩老鹰捉小鸡，就得跑到门口茶摊上，看见卖茶的女人在，把她女儿邀请过来。卖茶的女人若不在，我们会留下来，跟那个小女孩一块儿守着茶摊，看看旁边的小人书，或是说说小孩子的笑话。

那时节没有瓶装水卖，路边常见像这样的简陋茶摊，一小片桌凳，桌子上有玻璃杯，杯里有冷开水，茶色极淡，像我后来见过的一种水晶。上面用裁得小而方正的玻璃盖着，杯子是透明的，玻璃盖是透明的，茶水是透明的，那时光，也像是透明的。

茶水摊边通常都有书摊，一杯茶两分钱，看一本书一分钱，常有路人原本被焦渴驱遣到此，一坐下来，被白纸黑字缠磨住，淹留了整个下午。看茶摊的女人坐得远远的，偶尔回头笑笑。若是天太热，客人太多，新来者没地方坐，她也会站起来，作势赶苍蝇，以稍稍夸大的动作，将沉迷者惊醒。

她不是本地人，只是在附近赁了个庵棚，一边做这小得不能再小的生意，一边拉扯女儿。无论是她还是她的女儿，都没说起过家中原本该有的那个男人，她们像是两株植物，借助一丁点儿阳光，只管生长，不计其余。

瓶装水出现之后，茶摊子苟延残喘了一阵子，彻底销声匿迹。我升入中学，有了更多的朋友，也很少再去找娇娇玩，待我家搬远，更顺理成章地绝了音讯。偶尔会想起那明晃晃的阳光、玻璃杯、书摊，昔年生动的光阴，就成了一帧静物摄影。

那些人物重新生动起来，是在我离乡之后，有一天，我朝家里打电话，照例先扯了几句家长里短，我爸突然想起来似的，对我说，你还记得你建国叔吗？他失踪了。

失踪，这个词未免太让人兴奋！我打小就对失踪者感兴趣，看到电线杆子上的寻人启事，都要凑上前去，想从只言片语里，拼凑出一段传奇。无奈几乎所有的寻人启事，都有“智障”之类的字样，说明他们只是先天不幸，不是为情所伤。建国叔智力是正常的，他为什么会失踪？即便我这样伪浪漫者，也无法把那个寡言的建国叔，和失踪这样色彩浓郁的词联系起来。

我爸也说不出个所以然，只说建国叔留下了一个字条，告诉家人，他要过自己的生活去了，让他们忘了他。存折啊钱啊都没拿，连换洗衣服都没拿。他妻子很受打击，在家里足足躺了半个月。

不管家里人如何反应，建国叔再也没有出现过，有人怀疑他出了家，可他以前也没有显示出对于佛教的兴趣。大家议论了一下，便消停了，我只是越发感到，生活不可小觑，即使最亲近的人，转瞬就成为最熟悉的陌生人。

我没想到我还是了解了那谜底，且得来全不费工夫。又过了几年，在除夕的前一天，我于小城街头和娇娇不期而遇。分别了近二十年，她变成了一个和我差不多的中年人，但一说笑起来，童年时的样子就回来了，这让我有点恍惚，觉得自己也叠映上了童年那张脸。

我们在酷寒的冬日街头寒暄了一小会儿，娇娇建议我去旁边的咖啡馆坐坐，她发出这个邀约时，我预感到我离那个谜底很近了，我清晰地感觉到，她知道的，也许比别人都多。

娇娇果然告诉了我建国叔的下落，他在一个旅游胜地打工，和另外一个我们都认识的人在一起——“你还记得那个摆茶摊的女人吗？我爸和她在一起。”

这说法让我震惊，我仔细地询问她是如何知道的，什么时候知道的。

建国叔并没有对女儿网开一面，他走了就是走了，斩断所有的社会关系。这让娇娇有好几年过不来，她无法理解，曾经将她举在肩头膝上的父亲，怎能如此绝情。她没想过去找他，怕找不到，更怕找到了，她无法面对那答案。可是那答案还是凌厉地逼近，某个猝不及防的夜晚，多年不联系的高中女同学在微信上告诉她，我看见你爸了，在某地。

女同学也是用了好一会儿时间才辨认出建国叔的。她上高中时来过娇娇家里几次，对建国叔印象并不深，何况，出现在眼前的这个老男人，跟其他人并没什么区别——他们都翘首围在旅游车旁边，拖拽着从上面下来的每一个游客，到自己店里去吃饭或住宿。

如果说有一点不同，那就是这个老男人有些畏缩，同行的那个女人更显勇猛，一点奇怪的似曾相识之感，让女同学拨开奋勇的人群，把行李交给了这个老男人，跟着他们，朝客栈走去。

他们一开口，女同学就听出了乡音。蹊跷之感扩大，女同学刻意地说起普通话，所幸她当年是个胖丫头，如今减肥成功成了窈窕女子，且已为人妇人母，形象变化比较大，不是特别留心的人，不会察觉出什么。在客栈门口，老男人把行李交给她，她道谢，他艰难地笑了一下，就是那一笑，她认出了高中女同学娇娇的表情。

她偷拍了两人的照片，发给娇娇，那张照片给予娇娇的错愕感，不比当年发现父亲出走要小，她搜遍记忆，也找不到父亲与这女人暗通款曲的蛛丝马迹。当初茶摊生意做不下去之后，那女人就带着女儿返乡了，怎么看都是人生里的过客，一旦经过，就犹如死去，谁能想象，她会以这样的形式死灰复燃，焚毁自己心中最重要的那一部分。

娇娇心中有冰与火同时滚过，她不知道是应该立即去找父亲问个清楚，还是把关于父亲的记忆，完全地摁死在那火焰里。

在小城的咖啡馆里，娇娇问我，如果是你，你会怎么做？我，我不知道。作为外人，我和娇娇的角度不同，我震惊于建国叔的无情，亦震惊于建国叔的多情，记忆中那无色无香无味的一个人，究竟是被怎样的激情推动，斩断所有的社会关系，跟一个相貌举止皆寻常的女子，私奔到天涯海角，藏身于社会的最底层？如果是我，我做不到。

离开一些人也许并不是特别难，难的，是截断自己一整个过去。人世寒凉，我要有昨天今天和明天，要有即使不那么喜欢的亲朋故旧，要和很多人相互印证踩过的每一个日子，要和生活纠缠得难分难解，以这种乱糟糟热腾腾的聚拢，抵御内心时时生出的虚无。我无法想象，有一个人，能够完胜这全部。

建国叔却找到了这个人，她一个人就能搭建他的全世界，他像一只壁虎，摇断了自己的尾巴，纵然疼痛，也不回顾。壁虎断尾，是为了求生，建国叔的决绝，则是为了爱情。

建国叔和张叔的爱情，有相似的地方，都义无反顾，一往无前。但又更有不同，张叔的爱情，是有建设性的，在废墟上，重建一座城池，建国叔的爱情，则是毁灭性的，焚毁过去的世界，孤立无援地与他的爱情站在一起。

我不知道如何评价他们，可以说建国叔无情无义，可他也付出惨重代价，两手空空，奔向让人倒吸一口凉气的陌生，该有多少次心如刀割，又有多少回愧疚难当，扛住这所有折磨，只因一个身不由己，也许建国叔只是比张叔运气更坏一点，他不能在道德允许的范畴里，豁出自己。

这不是谁的错，甚至都不能算命运的错，最多，只能算阴差阳错。只不过，有人认下这阴差阳错，有人，被某种力量推动，在拼死抵抗中，将自己，与周遭，都弄得血肉模糊。

咖啡馆窗外的街道正变得暗沉，不断有人从楼梯口出现，周围渐成鼎沸，我看见娇娇的眼睛，像是悬浮在我对面，又在娇娇的眼睛里看到建国叔。我想和她说什么，终究欲言又止，想了好一会儿，才说："也许他将来会回来吧。"娇娇思忖地点着头，说："按说老了会想家的，不过，就算他回来了，我也不知道能不能再见他，我妈那边……"

我们在咖啡馆门口道别，我踩着新年前的残雪回去，混杂了垃圾的残雪本来就脏，天一暗下来更显可疑，而我终于没能对娇娇说出来的事是，在她父亲出走之后，我见过那个摆茶摊的女人。

我是在现在生活的这座城市遇见她的，在一家新开的超市门口，她和女儿跟我撞了个正着。二十多年后我还能认出她们的原因有两点，一是在她们返乡后，我曾和那女儿通过一段时间信，我们那个年龄段正流行通信，我又只有这一个在“远方”的朋友。如今我已不记得那些信里都写了什么，反正形式大于内容，收信比读信更让人快乐，我们也互相寄过照片，她的照片在我影集里保存了多年。

更重要的是第二点，过了这么多年，摆茶摊的女人居然和我记忆中差不多，也许因为她那种平淡的长相最不显老，我早已发现，时光对美人最无情，大眼睛容易出现黑眼圈，双眼皮容易松弛，白皮肤容易长色斑，丝绸般的肌肤最不抗皱……普通人没有这些，反而经得起时间摧残。

摆茶摊的女人，有着普通人的一切特征，她亲热地微笑，问我的近况，三言两语就谈到她闺女三十多了还没有对象，如果不是那姑娘一再嗔怪，她接着一定会问我手里有没有合适的男孩……相形之下，她女儿更让我感到陌生，她衣着时尚，笑容矜持，我理解成是世事已经在我们之间竖起一道透明屏障，我识趣地找了个话隙，挥手与她们母女告别——我丝毫没有察觉，就是这样一个女人，唤起一个男人疯狂的爱情。

那时建国叔在哪里？是在她们家中，还是在那个旅游胜地？摆茶摊的女人当时给我的感觉是，她依傍女儿生活，如今想来，也许只是一次例行的探亲。他们的故事背后还有多少可挖掘的？挖掘出来的又是否是真相？只有天知道。

我无法把这些告诉娇娇，我怕这个情节会让她再次地心绪难平，又于事无补。无知不见得比有知更没有意义，生活深不可测，每个人都是一片海洋，只能窥探一二，无法穷尽，也无法总结，这或许也正是生活的迷人之处，它如此神出鬼没，总不肯被轻易言说。

曾经在我家来来往往的陌生人

某人有时会感慨，安徽就是一个微缩的中国，淮河为界，分出南北，气候、饮食习惯、农作物各有不同，性格上的差异更为明显。为避免沦为地图炮之嫌，这里且不细说，只说一点，某人每次听我说起我小时候三天两头来个陌生人住在家里，就会由衷感叹，在他们皖南，若非至亲，留宿借宿都是天大的事。

我们皖北则不然。我爸妈都出身农村，在他们那些封闭的小村庄，要是有个把人混到城市里，就等于在那儿建立了一个小驿站，若需在城里淹留上一两天，前来投宿是理所当然。作为回报，会相应地带点农作物之类，半袋大米，或是新打下来的麦面，再奢侈一点的，会带上一篓鸡蛋或是咸鸭蛋，至于拎活鸡登门的，就是个特别有数的讲究人了。

我和弟弟讨厌其中一些人，比如那个小老头，他吃豆腐乳时总是将筷子奋力一嘬，还自不量力地试图管教我们。我和弟弟不是经常跟我奶奶有点小冲突吗，他就讲故事给我们听，谁谁家的孩子不孝顺，被天打雷劈……终于使我们对他从有点反感到深恶痛绝。

也有我们喜欢的。比如那个转车去山东读大学的姑娘，她衣着朴素，面容清秀，言谈举止间，有一种日常里不常见的温柔。我和弟弟奉她为女神，想方设法要讨她欢喜，但我们的能力太有限了，最后，我们冒着被家人责骂的风险，跑到附近的沟渠里舀了一瓶小蝌蚪，无限期待地呈给她。

也碰到比较传奇的客人。有个姑娘说她爸妈要把她嫁给一个她不喜欢的人，她留了个纸条离家出走了。那时我爸妈也不过三十多岁，非常理解她，帮她在我家极其有限的空间里打了个地铺。但是第二天晚上，这姑娘去屋后上公共厕所，到了十来点还没回来，我爸妈都很惊慌，满世界找，却发现，后面邻居家的窗口传出她的说笑声，隔着纱窗，我爸妈也能看到，她和邻家男子相谈甚欢。他们对她的交际能力惊怒不已之余，也对她的出走理由产生深刻怀疑，天一亮，就软中带硬地，打发了她。

生活啊，就是这样的反高潮，它有它的走向，不会遵循你心中的底稿。但我爸妈显然没有意识到这点，很快，他们就犯下了更为严重的错误。

那是一个冬天的早晨，我还没起床，就听见客厅里我爸在和什么人说话，对方的声音嗡嗡的听不清，但乡音浓厚，一听就是老家来的亲戚。我爸的声音则提高了八度，他激动起来总是这样。

我穿好衣服，走出卧室，见客厅里坐着两个男子，乡土打扮，一个上了点岁数，但一双精悍的眼睛，深嵌在瘦而黑的脸上，沉稳里带点狡黠，像是跑过许多码头的样子。另外一个很年轻，眼神躲闪羞怯，睫毛浓密得过分，覆盖在微微颤动的眼睑上，将他的惊惶表达得更充分。

他们在我家吃了个早饭就告辞了，拎着两个硕大的菜篮子，我爸说，他在菜市上碰到他们卖菜，就请到家里来了。

他们也是我爸的邻居，但我爸跟他们并不熟。我爸一九六八年当兵入伍，后来也没怎么回过家乡，只对这个老者有点印象，都没见过年轻人，他们的故事，我爸听我奶奶说过一些。

年轻人的父亲姓于，在家中排行老四。他兄弟五人，人口多，家底薄，老二老三一直打着光棍，于老四倒弄了个媳妇，名叫菊秀。

于老四人长得高大，是出了名的庄稼把式，菊秀娘家没要什么彩礼就把闺女给了他。结了婚俩人也还算和美，但天有不测风云，冷不丁的，于老四得了场出血热病死了，亲人难过自不必说，葬礼办完，一个问题自然地浮出水面，菊秀咋办。

那年头，在那个小村落，一个寡妇，既是一个问题，也是一笔资源。菊秀带着个孩子，回娘家也不招待见。留在婆婆家守节，天经地义，但婆婆也要算笔经济账，女人家身单力薄，干不了多少地里活，再加上娃的那张嘴，更是投入大于产出。

但如果换个思路，女人可不只是能干地里活，还能给人当老婆生娃呢，于老二于老三乃至于老五不是都没媳妇呢吗？随她挑，好歹肥水不外流，于家连谢媒人带彩礼带给新人准备家当能省下一大笔，也不用担心菊秀将来给娃改了姓。

于家这算盘很如意，但菊秀不愿意，说她暂时没这个心思。于家人不好勉强，只得让他们母子俩在东头偏厦住了下来。住着住着，于家人看出名堂来了，菊秀不是没那心思，只是，她这心思，给了村东头独门独户的张友林。

张友林其人，我爸打小就知道他，据说他爸是国民党团长，他娘是小老婆，一九四九年，他爹去了台湾，丢下他娘俩。也有人说，他娘连小老婆也不算，就是团长经过他们村时，搭上了他娘，他是个没根的野种。

不管事实如何，反正张友林是按照野种的路子活下去了，尤其在他娘去世之后，他游手好闲，东溜西逛，没吃的了就去帮缺劳力的人家割个麦子插个秧什么的，最不济朝那麦秸垛上一躺，也能顶个两三天。“人是一盘磨，睡倒就不饿”，张友林得意地跟村里人推广他的生存秘诀。

他一无所有，因此他最自由，光着两脚走四方，他说他最远到过新疆，差点被困在沙漠里渴死，幸好碰到个逃犯，手腕上有被铁丝穿过的洞，那劳改犯长得凶，人却很好，分了水和干粮给他，俩人互相支撑着才算走出来。

他说的跟真的似的，村里人却不怎么信，但心里认他是个见过世面的人，嫌弃里，还带点佩服。

菊秀跟这么一个人扯上干系，让于家人陡生正义的愤怒，疾言厉色，苦口婆心，甚至请了她的娘家妈来做思想工作，菊秀就是不吐口，她妈气得扭身就走了，赌咒发誓不再认这个闺女。

娘婆二家这么一赌气，菊秀干脆就自暴自弃地跟张友林明铺暗盖起来，村里的女人从菊秀窗户下走过，总是忍不住脚步慢上一些，听上一会儿，就捂着嘴笑着走开，说菊秀平时不言语，没想到在男人跟前这样嗲声浪气的。

有女儿的人家都多了几分紧张，交代闺女离菊秀远着点，于家人也跟着灰头土脸的，没办法，好话歹话都说尽，这个女人就是油盐不进。

最后是命运帮他们解决了这个难题。菊秀得了病，很重，张友林照顾了几天，就迈着两条腿跑了，说是要去挣瞧病的钱。这一来菊秀连个递水递饭的也没有了，她那儿子才三四岁，整天跟个小狗似的，赖在奶奶家门槛上。

没有人管菊秀，娘家妈也生了气，不来，说早就当她死了。菊秀快不行的时候，她娘才赶来，菊秀瘦成一把骨头，不知道有多少天不进水米了，眼皮上都生了蛆。她娘哭了，哭着骂，这个死老婆，可能要点脸？还等着他回来才死呢。

张友林在菊秀去世一个月之后回到于家村，脸色黑黑，见谁都不搭理。倒是菊秀的儿子以前跟他亲近惯了，加上在奶奶家里成天被人骂过来踢过去的，见他回来，一声不响地就跟在他后面。张友林叹了口气，轻松了半辈子的单身汉，逃得过那个女人的怨，却逃不过这个小娃娃的黏，这孩子后来就跟他过了，一直到现在。

我爸早年爱好文学，现在也长期订阅《收获》《十月》等，见识自然跟村里的人不同。他被菊秀的爱情打动了，也被这样一个结尾打动了，他本能地想把这个故事变得更加戏剧化也更加正能量，于是，他跟我妈商量，他要帮助这个名叫“小春”的年轻人，让他过上更加幸福的生活。

第二天，我爸到菜市上找到了他们，提出借给小春一笔钱，让他搞副业或是做小生意，张友林和小春都感谢万分，我爸给了小春两千块钱。

在当时，我爸一个月工资不过一百多，两千块算是个不小的数字，但是如果用来交彩礼就太寒薄了，所以小春只订下了一个据说智商有点问题的媳妇。当于家村的人来城里办事，顺便告诉我爸这个消息时，我爸极度震惊和失望，他没打算帮小春娶媳妇，更没打算帮小春娶个智商有问题的媳妇。我奶奶则非常心疼那笔钱，老当益壮地重返故里，她老人家当年就是个厉害角色，如今余威仍在，小春七拼八凑找了两百块交给我奶奶，从此之后，与我家再不相往来。

关于他们，最后的消息是，小春那个老婆确实脑子有问题，但这并不影响他们婚后开辟了一个致富之道，生孩子卖。村里人都说，亏得她是个傻子，脑子好一点的，谁有心肠干这事？据说他们家已经过上了幸福的生活，但张友林早在小春订婚时就被一脚踢开了，现在缩在半间草屋里，很可怜。

我爸果然改变了这个故事的走向，却不是照着他的思路，他为此很不快，但我却觉得，作为真实的人生，这的确过于残酷，但作为小说，它的风格比我爸原先的构思更为写实，更能体现人性。

没错，等我长大一点之后，我也变成了一个文学青年。

但我的口味跟我爸完全不同，也许更暗黑？我不喜欢有始有终的故事，也不喜欢那种光明的尾巴。相对于张友林和小春，打我家经过的过客里，我更感兴趣的，是一个中年妇女。

这女人微胖，梳一种我们这里叫作“二道毛”的短发，近乎童花头，略长，把这女人的胖脸显得更圆，她的眉目淹没在这个发面饼似的大脸上，几乎没有给我留下什么印象。

她拎了两盒乳酸菌饮料，来找我奶奶，似乎因为宅基地什么的，需要我奶奶给她做个证。在村里人开始出门打工对城市逐渐习惯之后，我家的驿站功能开始式微，所以她的到来让我奶奶很高兴，热情洋溢地跟她介绍我家的新房；尤其是楼梯灯的双控功能，人要是老了，真的会像小孩子一样虚荣。

这个女人当然也很高兴，一路奉承，陪着我奶奶说了两天两夜的话，第三天，她走了，我奶奶没有答应回去帮她作证，自称身体不好了，这是一个原因，更重要的是，我奶奶活到八十多，也是个饱经世故的人啊，岂能轻易为人所用？

她一走我奶奶开始讲她的故事，情节很绕，一开始我都没听明白。后来我听懂了，剪短截说吧，就是这个女的前夫兄弟三个，因为分家的事，兄弟三人打了起来，最后，前夫的哥哥和弟弟，联手打死了她前夫。

哥哥认下那致命的一锹，作为主犯被处决，弟弟被判了十几年，这女的不服判决，认为俩人都该枪毙，弟弟身强力壮，说不定那一锹就是他拍下去的。

她为此上诉多年，跑到县市地委各级法院哭闹，但弟弟还是减刑出了狱。出狱之后，弟弟老是去帮嫂子干活，这让这女的更加气不顺，她终于想出办法来成功地阻止这件事——她嫁给了弟弟。

这个女人对大嫂的嫉妒，竟然比当年的杀夫之仇来得更加刻骨铭心。也许一次次上访，消耗了太多情绪，愤怒不过是一种惯性，嫉妒恰到好处地釜底抽薪，引向这皆大欢喜的结局。

我多次想把这个女人写进一篇小说里，我想仔细描述她和大嫂的斗法，两个女人的怨仇，爆发力堪比核导弹，明争暗斗，千转百回，多么富有弹性，要怎样写，才能丝丝入扣？

但我始终没有尝试着去写它们，我觉得我还没有做好心理准备。我的第一本书是关于《红楼梦》的，老有人问我怎么能把红楼读得这么熟，我说是因为打小就喜欢看，又问那么小怎么能看懂？的确，这个时代，家庭是封闭的，小孩子了解到的社会关系，仅限于父母最多到爷爷奶奶姥姥姥爷，无法采撷到更多的人际样本，看《红楼梦》这样的书就会很吃力。

而我成长于一个有驿站功能的家庭，不出家门，大千世界扑面而来，我的那些乡亲们，他们带来家养的活鸡和鸡蛋，带来刚打下的麦面与新米，带来人情世故，带来淮河岸边茂盛生长的爱恨情仇，他们用各种方式，向我展示了一副色彩浓烈饱满的画卷。他们是我用心读过的第一个长篇，也是我在少不更事时经历的情感练习，总有一天，我会写下我感受到的那一切，作一次渐行渐远之后的回归。

马圩子

马圩子的夜与路

马圩子的沉默

马圩子是一个典型的平原上的村庄，状如酒囊，腹大口小，外围是芦苇与竹林遮掩的河沟，收口处为一条平平的小路，村里人进出的必经之所，称之为“zhan门口”。我认定它叫“栈门口”，但也怀疑这认定源于我文青的积习，刚百度了一下，“栈”还有“通过、越过”的意思，这样写，看来错不到哪里去。我姥姥的娘家就在这里。

从栈门口走进去，经过几家屋舍，穿越一块空地，就到了我舅姥爷家门口。我舅姥爷的家，以南北论，在村子的正中，却最靠西，门口有条路，西边的人出来进去，都打那条路经过。于是，初来乍到的那个傍晚，我吃了舅姥爷做的鸡蛋饼之后，就跟他们一样，坐在屋子里，无可无不可地看着路上来来去去的人了。

歌里唱“暮归的老牛是我同伴”，在我舅姥爷他们村，暮归的不但有老牛，还有羊群、鹅群、鸭群……日之兮矣，羊牛下来，无论是悠悠然走在一只老牛旁边的，还是像带着队伍一样，驱赶着一队羊群朝前赶的农人，都很从容，见人还可微笑颔首。带鹅群鸭群的则不然，禽类智商低，没有那么驯服乖巧，人们不得不时刻在喉管里发出“呃呃呃”的声音，也许他们试图让鹅鸭们以为，自己是它们中的一份子，不过是那个最强最无敌的领袖。

对了，还有鸡，还有兔子。鸡不用管，天黑了，它们会飞上树睡觉，我不知道现在的鸡还会不会飞，但马圩子，我确实无数次看到，鸡在傍晚展开翅膀，飞上那棵高高的枣树，休憩。兔子一般被囚禁在笼子里，也有时会被放出来，给它们蹦一蹦，入夜前，便有很多人在自己的院子里“逮兔子”，他们弓着腰，像原始人狩猎图表现的那样，朝前凑，兔子却一弹而起，前爪灵活，后爪有力，依然不能改变被再次囚禁的命运。

就在我舅姥爷和他的邻舍们做着天黑之前要完成的工作时，天光渐渐被收起，马圩子夜晚的黑，是严严实实的黑，我抵达的那一晚，倒是有个月牙儿挂在天边，四周还有小星窈窕，但它们就像黑丝绒上的钻石，它们的闪耀，更衬出那暗黑之神秘。

我舅姥爷吃过饭就歪到了床上，这并不意味着他要睡觉，床头的箱子上，一盏煤油灯的灯芯微微颤动，原本是清寒的煤油味儿，在偶尔噼啪响一声的燃烧中，温热起来。收音机里在放刘兰芳的评书《杨家将》，舅姥爷咬着早熏成黄褐色的石烟嘴听，墙外开始响起脚步声，我那单身了一辈子的舅姥爷家，因为没有一位会摆脸色的女主人，成了村里老少爷们的聚会中心。

那天晚上，我把脚搁在半明半昧的火盆上，听他们聊天。文学作品里，农民最关心的该是桑麻，但我的亲身体会是，马圩子人，更把环球风云放在心上。有个人甚至能报出某个非洲小国国王的名字，说起国际大事，如数家珍，可谓那个时代的草根公知。

一个热闹的话头之后，是接踵而来的沉寂，满屋子便只剩下咂烟袋的声音——烟叶是我舅姥爷免费提供的，为此，他特地每年种上一两分地的烟草。马圩子人很善于沉默，一闭嘴便是地老天荒，那样深的静里，墙角那一阵“哗啦啦”的声音就显得突然，仿佛那头黄牛不只是撒尿，还要以这种形式，表达它对这沉寂的不耐烦。

全村的客人

我也觉得无聊，又不想睡觉，在家里的话，可以看看电视，翻翻书，在这个尚未通电的村庄，电视自然没有，煤油灯放得那么高，也不太容易凑近。正是最难将息，窗下响起一阵踢踢踏踏的脚步声，紧接着，门口冒出一群小姑娘，她们看着我，笑着。那咕咕的笑声，像是突然冒出的水泡，从黑夜的潭底冒出来，假如我允许自己再文学一点，会说，她们就像是突然出现的水妖。

但事实并非如此。在吾乡，一家的客人，就是全村的客人，村里的女孩约着一道前来不足为奇。我想起我奶奶提起过的一个女孩的名字，大声问："小明子来了没？"那些笑声便泛滥开来，像水，淌了一屋子，一个女孩不好意思地"嗯"了一声，这个回应是一根灯绳，我在陌生生出的昏昧里拉一下，世界马上变得又熟悉又清晰了。于是我认识了那些女孩，小兰子、小林子、小玲子，小娟子……这儿习惯用"小×子"称呼女孩子，念在舌尖，很玲珑。

她们问我去不去饭场。去，当然去，我把脚从火盆上撤下来，塞到棉鞋里，跟着她们，咕咚咚跑到我来时经过的那块空地上，这就是村里人所说的饭场。

我不知道在淮北平原上，是否每一个村庄都有一个饭场，在荒僻乡野，它几乎等同于一个露天咖啡馆，虽然它看上去，只是一块普普通通的平地。

早晨和中午，它被男人们占据，马圩子的男人十有八九不喜欢在家里吃饭，端着个碗，绕大半个村子，也要到饭场上蹲着吃，不管是稀饭、面条还是白米饭，都要就着国家大事和村里八卦才能咽下。谁的饭碗里丰富一些，咸菜之外，还有红红绿绿的一小撮，大家也看得一清二楚，有兴致的人，会到别人碗里夹上一筷子，隔锅饭香，不只是幼童才这样，又或者，每个人骨子里，都还是个孩子。

夜晚，饭场成了孩子们的天下，虽然远远的大树下，也会有个把人蹲着，或是搬个小凳子坐着，但在中间疯玩的，都是大小不等的孩子们。小明子说，她们每个晚上都要到这儿来玩。

我不知道她们以前都玩什么，在我到达的那个夜晚，我成了她们的中心。这前所未有的待遇让我不由得轻了骨头，以至于认为，自己可以像一个中心人物那样，带领大家来一点儿不一样的玩法。

我建议大家一起排个舞蹈。天知道我是多么缺乏舞蹈天赋，在每一个元旦晚会上，我都被排斥在那些排练舞蹈的女生之外，通常只有在一边看着的份儿。而在马圩子，我却认真地将那些旁观来的动作，教给女孩子们，我的肢体一定是笨拙的，还加进去许多自己想出来的动作，但对于从未跳过舞的马圩子的女孩，这已经足够。

我们在清冽的月光下团团围坐，就像一圈小蘑菇，或是趁着月色出来开会的小兽。这于我固然是新奇的体验，马圩子的女孩，大约也觉得新鲜，我们全体有着最饱满的兴奋，High到一定程度，女孩子里最大的一个，小玲子建议，我们去南地吧。

南地是庄稼地，在马圩子外面。我不知道小玲子为什么建议去南地，现在想来，大约是那旷野更加舒展。当时虽莫名所以，却觉得是个有意思的探险，我建议大家按照高矮排成队，我们就一个接一个地走出栈门口，出现在一望无际的田野上了。

田野里种着冬小麦，这会儿只是一片贴着地皮的绿意，夜色深蓝，夜雾弥漫，树丛在远方，形成不很清晰的轮廓，我们置身的地方，辽阔到让人需要倒吸一口凉气。我们顺着田亩之间的小径，排着队，唱着歌，朝远方走去，好像，打算就从消失，再也不回来。

我们最后当然还是回来了。

之后的很多个夜晚，我都和村里的女孩们互相呼唤着去饭场上玩，时间一长，不复新奇，我开始怀念起城市文明来。唉，我敲出“城市文明”这几个字都觉得自己挺装的，说人话，好吧，我不过是想看电视了而已。

小玲子告诉我，在本地，想看电视，也不是不能做到的。邻村有一户人家买了个电视机，用电瓶在院子里放，附近村子里的人都去看，她晚上可以带我去。

晚上我们来到邻村那户人家家里，还没到他们家放电视的点儿，院子里已经摆满了长凳，“那是人家占座位的”，小玲子告诉我。

大家都在旁边等着，嬉笑地聊着天，比我们大几岁的男女聊得尤其欢快，说着还动起手的亦有。我却不能有这份轻松，等待的过程可谓心惊胆战，因为，这户人家，养了一只大黄狗。人人都说这狗不咬人，我却不能不怕，我明显地感觉到它对我有特别的敌意，一直围着我打转，是因为我为了看电视特地戴上了近视眼镜吗？这只乡野之狗，是不是从没见过戴眼镜的人？

我已经是尽可能低调地躲到墙边了，但说时迟那时快，大黄狗忽地蹿上来，咬住了我的小腿。我彻底崩溃，哇地大哭起来。有人大声地呵斥那只狗，小玲子赶紧扯着我，把我带回马圩子。

好在是冬天，穿得厚，我的小腿上留下了几个牙印子，没有被咬破。之后的很多年，我见到狗就躲着走，就是那一回留下的心理阴影。

孤独的开始

没有电的日子，人很闲，日子很长，活得很原始，会信鬼信神，信得日子很魔幻。我姥姥就说，过去是有鬼的，现在有了电，就没了，而马圩子，很长时间里，都是一个可以有鬼怪妖魔的地方。我爱在煤油灯下，听关乎鬼怪的传说，也爱在大雪天，走出屋，走到附近的田野上，看雪光银亮，亮里带蓝，觅食的野兔被脚步声惊起，飞快地蹿入麦丛里去，幸好它们碰到的是我，若是那些带着气枪的农人就惨了，在冬天的淮北平原上，打兔子是男人们一项特别的娱乐。

唯独遗憾的是，我忘了在那时认真地看天空，记下每一颗星星的位置，我不知道我会成为一个星空控，在天空被光污染弄得模糊之后。不过，写到这里，我忽然记起，我曾经看到过流星，在夏天，马圩子的人都睡在外面，我总是很难入睡，大睁着双眼，面对天空，经常见流星哗地落下来，有一晚我因为什么事老也睡不着，居然看到了三颗流星，那时天上飞机不多，我应该不会搞错。

我后来还是慢慢地睡着了，然后，在像晨露一样清新的牛哞声中醒来，看见邻居挑着铁皮桶叮叮当当地走过。

我爱那些不通电的日与夜。

马圩子是在哪一年通的电呢？不记得了，应该是在二十世纪九十年代初。在某个我不知道的时刻，马圩子瞬间变成了一个明亮的村庄，却不知，这是它孤独的开始，电视打开了一个世界，年轻人出去打工，回来的也不愿在村里居住，到村外刚刚开辟的集市上建起新式楼房。几年前我回去，它荒草丛生，像一座鬼堡，几个月前，我去看望舅姥爷，整个圩子只剩他一个人，其余的房子都已被房地产商拆除，我舅姥爷是为了尽可能地争取点利益而负隅顽抗。

几个月过去了，我舅姥爷也搬出来了，那个圩子，可能已经消失了吧。

乡间伶人往事

她是一个戏子

说起“小刘”这个名字，你会怎么想？可能什么想法也没有吧？中国大地上，该有个多少个小刘，骑自行车的小刘，开汽车的小刘，摆小摊的小刘，踩着高跟鞋穿行于格子间里的小刘，这是一个没有什么气味和色彩的称呼。

然而于我，它却有一种坚硬的妖娆，一种爽利的邪气，一个女人以她的一生所赋予的特别意味，使得这个“小刘”，有别于我们认识的那千千万万个“小刘”。

二十多年后，我回到张家庄，我奶奶的侄女出嫁，勒令她号令得动的所有“体面人”来参加婚礼，为她最疼爱的侄女送行。在省城工作的我，当然必须前来，当我和我妈坐在舅爷家的堂屋里时，我奶奶摆着手跟人说："看看，这省里的、市里的都来了……"

小刘也来随礼，按照我们这里的说法，叫作"添箱"，大约过去的女孩子，嫁妆主要是些箱笼碗碟之类，亲戚朋友在出嫁前夕送来礼金，相当于又添了只箱子吧。

那天添箱的人很多，亲戚，邻居，同村的，外乡的，男的，女的。外乡的且不说，只说同村的，男的通常会慢慢地坐下来，抽上一根舅爷递过来的烟，说些闲话。因我在场，少不得问我些诸如"在哪里工作，月收入多少"之类的话题。女人则多是急匆匆的，身上还系着围裙，手洗得通红，关节粗大，刚从劳作中拔出来，还没有擦干净的样子。她们常常只站一会儿，口气急急地说些喜庆的话，便念叨着"猪还没喂""碗还没洗"之类，一只脚已迈过了门槛。

只有小刘不同。首先她到来的脚步，像个男人那么从容，是有一步没一步地矜持地踱进来的，其次，她像个男人那样坐下了，第三，她不但坐下，还抽起了烟，最后，她问我的那些话，也跟那些乡下男人如出一辙。

她真的很像个男人，甚至于比一般的男人还要骄傲，说话时，脸上有一种夷然的神情，似乎世上的一切事物，皆不在她眼中。但与这夷然相辅相成的，又有一种失落，该怎么形容呢？用我们很文学化的语言，姑且叫作"怀才不遇"

吧！是的，“怀才不遇”，这四个字幻成深深浅浅的纹路，印在她的脸上，是那么的深刻。

这是寻常乡下女人脸上没有的内容，我所知道的她们，总是谦卑的、羞缩的，就算有些人伶牙俐齿，八面玲珑，但末了总要笑一笑，往回收一下的表情，说到底，还是柔性的。只有小刘，她脸上有股男人似的硬劲儿，不示弱，不怕冒犯，不在乎人家是不是搭理她，她就那么傲慢地把自我摆在脸上，反正，她也这么过了一辈子了，也这么过过来了。

她原本就是跟一般乡下女人不一样的，她们是农妇，而她是一个戏子。自我这东西，对一个农妇本属多余，对于一个戏子则是必须的，像她们脸上搽的胭脂，额上亮闪闪的贴片。但问题是，小刘并不是一个完整的戏子，任她再不甘，她还有一半的身份是农妇。她不是职业艺人，只是年节下才跟人搭一个草台班子，挣上仨瓜俩枣，聊补生计。

爱情是冰天雪地里的一簇火焰

我来到张家庄的第一天，认识了村里的女孩子们，白天她们带我去割草，黄昏时各自回家，忙完杂事再出来，聚在一起，在月光下唱歌与游戏。我们通常会约在小兰子家见面，原因有几方面：第一，小兰子比我们都略大些，身材高大，性格泼辣，眼睛圆溜溜的，黑里俏的那种，是村子里的孩子头；第二，小兰子家对门，就是我们活动的地点，村里的“饭场”；第三，小兰子家里常有些特别的，对女孩子有吸引力的东西，全村的女孩子都心照不宣地，对她家充满好奇与向往。

有一晚，我们去她家，趴在她家锅台上，看着她一束一束地朝锅洞里续柴火。黑暗的灶间，一盏煤油灯摇着幽幽的火焰，锅洞里的火光映出来，将所有女孩子的脸都烤得红艳艳的，眼睛明亮，嘴唇鲜明，莫名的，大家都有点儿兴奋，说笑的声音也提高了。

当一锅稀饭咕嘟咕嘟地掀动锅盖的时候，小兰子丢下烧火棍，说，走，我带你们看个东西去。

大家都跟在她后面，刻意地压低了声音，越发要使这件事变得神秘，小兰子也像电影里的人那样，蹑手蹑脚地从一个箱子里抱出一个包裹，打开来，娇红翠绿地散了一床，居然，是一堆戏服。

我们嬉笑地望着，有点儿不知如何是好，小兰子满不在乎地扯上一件，披在身上。她那张黑里俏的脸，马上变得诡异了起来，仿佛，是谁一推，把她推远了，推到我们看得见摸不着的地方。至少我的心里，暗暗地害怕起来。而其他的女孩子也只是笑，在我听来，那声音也是不自然的，有点儿抓不住的意思。好在这时，院子里传来小兰子她爸放铁锹的声音。小兰子慌着将那衣服扯下来，照旧包在包裹里，胡乱放入箱子。

又有一次，仍是在傍晚，小兰子告诉我们，她妈刚刚买了一袋雪花膏，她抹了一点儿，好白呢。我们又都跟在她后面，来到她家厢房，她摸出一袋雪花膏，给我们每个人的手心挤了一点儿，我们揉开，涂在脸上，借了煤油灯的光，在镜子里一照，里面浮出的面孔，果然比平日里精致齐整了许多。我们就顶着那张脸鱼贯而出，照旧在饭场上唱歌、游戏，心中有喜悦，觉得自己与寻常不同了，这时光也与寻常不同了。

因了这种种，小兰子成了一个特别的女孩，她是有色彩的，有气味的，有魔力的，她那貌似和村里人一样、甚至更为寒酸的家，因了那些含而不露的物事，变成了我们心中的神奇之地。

而这一切，都拜她妈所赐，先得有她妈，才有小兰子的魔法世界。

前面忘了说，小兰子还有个妹妹叫小玲子，就是我前面说到的，带我去看电视的那个。她个子没有她姐姐高，但苗条灵巧，细眉细眼的，小小年纪，就有了如今被称作“女人味儿”的那股劲儿。她也是个心高气傲的主，对她姐姐都不太买账，时不时地，显示出想要“篡权”的意图来。有次，她悄悄地跟我说，小兰子不是她妈生的，她跟小燕一个娘。

小燕也是这村里的，也跟我们一道玩，比我们小点，性格偏弱，平常只是笑笑，我看不出她跟小兰子还能有血缘关系。回家我跟我奶奶讲述我的疑惑，我奶奶笑了，说：“小玲子这是瞎说了。谁不知道，小刘怀上了小兰子，挺着大肚子跟白友安到处跑，听讲都跑到内蒙古了。也是作孽啊，把人家坑成那样，自己也遭天大的罪。”

我听我奶奶这一篇账，又是“内蒙古”，又是“到处跑”，很有戏的样子，就追问下去。当时我虽是十二岁弱龄，但自小常说大人话，我奶奶对我的八卦精神，倒也不觉得奇怪，就告诉我，小兰子她爹白友安原是有老婆的，就是小燕她妈。那年年下，村里照例请戏，从北乡里请来的戏班子，都说有个旦角嗓子好，功夫好。那时白友安也才三十来岁，是大队的民兵营长，跟戏班子打交道原多些，他白天黑夜台上台下跑，人们都没太注意。

年初七，戏散了，戏台子拆了，戏班子撤了，大晌午的，忽见白友安他妈慌慌地，满世界找儿子。说白友安就不见了，以为在大队，到队部看，没人，以为在地里，跑地里寻，也没找见，这一家一家地找过来了，都没看到。

大家就都有些疑心，却也不敢说，问白友安他妈估计他还可能朝哪里去，白友安他妈一撇嘴，坐地上哭起来了，说：“还能去哪儿呀？八成跟那个唱戏的狐狸精跑了吧。”

这个消息成了年戏之后，村里人最大的消遣，人们走家串户，争相传递，说一回，笑一回，叹一回，骂一回。在追忆中将那个戏子的举手投足细细品味，恶毒的批判中，未尝没有些许艳羡。连白友安他妈，哭了两天之后，渐渐也说“想开了”，说这是她儿子命里该的，言下倒像有些骄傲，骄傲她的儿子，能成为一桩乡村情事的主角。

是的，生活太艰辛，生命太贫乏，在极度匮乏的所在，爱情，就像冰天雪地的一束火焰，成为照亮并温暖生命的唯一可能。而它又是那么稀缺，在张家庄这样一个紧靠淮河的穷乡僻壤，更是不作兴说爱情这件事的，这里通行的是父母之命、媒妁之言，相家、下定、迎娶，都是家境与相貌的对比与掂量，在这种情况下，爱情只在非常态中呈现，张家庄人则通过对白友安事件的谈论，获得一次接近爱情的机会。

他们是一样的人

只有白友安的老婆是安静的，从头到尾闭门不出，其实她一开始就有数，男人的心不在自己身上了，女人哪能不知道呢？换成糙点儿的老娘们儿，可能早就叫嚷起来了，跑到戏台上把那小妖精的头发扯上几缕都有可能。但白友安的老婆，是个有成色的人，正因为她太有成色，太自尊，才不知道如何是好。

很多年后，她跟村里相好的女人说，年下几天，白友安都是天快亮了才回来，闷头抽半袋烟，快晌午了起来喝碗稀饭，头一低，又出去了。她一声不响地给小孩喂饭，上吊的心都有，但又舍不下两个小孩。只指望戏班子走了就好了，却也隐隐感到，戏班子走了也不算完，倒是她自己这辈子可能就这么完了。

她硬着头皮挨时辰，一个时辰一个时辰地挨过来，初六夜里，白友安没回来，初七早晨，也没见人影，她心里先是“咣当”一声，像是被石磙砸了个洞，倒安生下来，知道这人，是再也回不来了。

白友安的老婆是个省事人，那个戏子，就是我们现在所知道的小刘，她丈夫可没那么好说话，先是带着家门里的兄弟，跑到白友安家抄了一回家，声称一旦抓到他，就砸断他的狗腿。他信心十足地声称，那对狗男女很快就会回来了，因为，这不是小刘第一次跟人“跑”了。

这倒也在大家意料之内，大家一道等待这个故事的结尾。自然，这结尾意思不大，小刘到时肯定没影了，白友安是男人，回来了也就回来了，翻腾不出什么花来。我奶奶说了，女人丢了丑……（大概是不体面的话，具体我忘了），男人丢了丑，抹掉帽子照管走。男人没有坠落感，无需救赎的过程，就算有点儿不好意思，一个小动作间也就拂掉了，须发无损。

张家庄男人的内心，也许还都希望出一次这样的丑，拐一个女人随他们远走高飞，这是占便宜，说明他们有魅力。另外，他们也太寂寞了，日复一日地看鸡栖于埘，羊牛下来，时光一天天淡去，若是能有个女人背影像暗纹似的压在上面，是否，这样的一生，也就不会漫长得那么枯燥？

因此，乡间的私奔故事，大多都是始于激情燃烧，终于见好就收，无趣得紧，但就是这无趣，也突兀于波澜不惊的日常之上，所以，大家有隐隐的期待，也就可以理解。

日子一天天地过去，白友安家里始终没有传出消息。白友安他妈抱怨了几回，就懒得说了，白友安的老婆，更是平静得吓人，有心思各异的人靠近她，作关心状，她扬起一双眍瞜进去的眼睛看看人家，微微地一笑，吓得人家把准备好了的一堆话，和着吐沫全咽下去了。久而久之，村里人也就失去了兴趣，彼此遇见了，都疑疑惑惑的，怀疑白友安和小刘别是走路上被人害了，不然咋啥声都没有了呢？

连这议论也显得乏味的时候，白友安带着小刘回来了，平地一声雷似的，大人还没怎么样，小孩子全哄到他们家院子里去了——每个无知的小孩子背后，都藏着一个大人的好奇。

消息次第传出来，先是小刘的肚子很大了，这在意料之外情理之中；其次小刘住进了白家的厢房，这倒也罢了，她也只能住在这里，婆家不用说，娘家可能也回不去了，她大着个肚子，白友安他妈也不敢履行从前的誓言，把这个“野女人”用铁锨铲出去；这些消息都是铺垫，是暴雨骤雨来临之前的必要条件，大家调集了全部的兴致，且看白友安的两个女人，接下来怎么对决。

结果很震撼，一种很安静的震撼，白友安的老婆没吵也没闹，收拾了一个不大的包裹，带着两个孩子，住到孩子她大姑家去了，按照张家庄人的说法，主动给那“野女人”腾了地方。

张家庄的女人，都有一心的话要对白友安的老婆说，可是白友安老婆就是有那么一种本事，只是看看你，就能让你所有的话，从哪儿出来的，还咽回到哪里去。张家庄的女人只好意犹未尽地保持着一个观望者的姿态，好在，这事儿并不像完了的样子。

果然，白友安跟小刘怎么过起日子的按下不表，小刘的丈夫怎么来闹的也按下不表，他们那些人，就像现如今的明星似的，活该出新闻的，出什么样的新闻都不让人觉得奇怪。让人大跌眼镜的，永远是白友安老婆——我们现在是不是可以称她为白友安的前妻了？乡下人没有离婚领证这些事儿，但小刘已经在白家安家立户，她也算前妻了吧。这个从来都细声慢语的女人，不声不响地干了一件事，像扔个响炮似的，把全村都镇住了。

一个月后，白友安的前妻搬进了光棍赵振轩家里，跟他过起了日子。

受某些文学作品误导，一说起光棍这个词，很容易让人以为是些下三烂的人物，黑更半夜地敲敲寡妇的门，或是偷看一下小丫头上茅厕，属于偷鸡摸狗之辈。事实上，以我有限的乡村生活经验，知道事实绝非如此，至少在那个时代里，高龄剩男里常有精英，他们变成剩男是因为出身不好。

当然，也不是所有“破落地主”出身的，都找不到老婆，有的人眼皮子活络，又懂得殷勤，闻听有逃荒要饭的女人，或者新死了丈夫的寡妇，又或者哪里有歪嘴斜眼的姑娘，便忙不迭地闻风而去，好赖混到个女人，生下个一男半女再说。

这个赵振轩，却很傲慢，整天黑着个脸，沉默寡言，不过他一开口，其他人都会停下来听他说，大有言夫人不言必有中之意。他有骄傲的资本，他爹以前是当时国民党军官，至于其职务，村里人说法不一，比较夸张的说法，是个司令，这话荒谬得不值一驳，拣最小的说，也是个团长。

一九四九年赵团长随大潮流去了台湾，丢下赵振轩他们孤儿寡母，没少遭罪，但张家庄毕竟是天高皇帝远的所在，且对于这种“没落贵族”多少有点儿敬意与惧惮，因此，赵振轩的尊严，没有受到彻底地摧毁。

除了出身“优越”，他的天资也远胜一般的乡人，政策刚刚宽松，他就做起了“倒瓦”的营生，这活具体怎么干我不清楚，反正四里八乡的人盖房子用的都是他生产出来的瓦。而他自己，更是一早就盖起了三间大瓦房，明晃晃的瓦片，像招牌广告似的。

有了梧桐树，不愁金凤凰，套用《傲慢与偏见》的开头，那就是，赵振轩成了所有家有老姑娘的父母眼中一笔应得的财产。但是，这老光棍却挑剔得紧，一眼看过，一概否定。张家庄的人都有些不忿，心想你个老光棍，这才翻身几天，也开始挑三拣四的了，都等着看他到底寻个怎样的人，不曾想，到了到了，他收了被白友安扔掉的，带了两个孩子的女人，平日里没见他们有任何来往啊。

我总猜想，赵振轩和白友安的前妻之间，一定有一场不同寻常的缘分，其精彩程度，不亚于白友安和小刘之间的，甚至于更为深沉隽永。在张家庄破旧苍黄的背景下，在扬眉与低首之间，他们看见了，确定了，他是一个好男人，她是一个好女人，不管他们各自经历了些什么，总归，他们是一样的人。

她身体里有把火

好男人和好女人在一起是没有故事的，只有好日子，白友安前妻——这话真是绕，但我确实不知道她姓什么，大家都喊她赵振轩家的，那好吧，赵振轩家的跟了赵振轩之后，他们家越发蒸蒸日上，我来到张家庄时，他们俨然已是村里首富。试举一例可以说明，有次我们去上集，其他的女孩子，最多也就两毛钱零花钱，这还是蒙爹娘开恩，像小兰子和小玲子，干脆一分钱没有，全靠别人请客。而小燕呢，她爸居然给了她两块钱，别说我们这些孩子羡慕得紧，就连饭场上那些端着碗闲聊的男人，听说了这个消息，也无不咂舌感叹。

十二岁的我，很世故地跟我奶奶八卦过，我说，白友安把小燕妈扔了，也许是小燕妈的福气。我奶奶叹道，不是这样说的。那时小燕妈跟白友安都养俩儿子了，都算齐全了。末后到赵振轩家又生那一堆，生孩子的罪是好受的?

我这样理解我奶奶的话，对于一个被抛弃的女人来说，再婚，就像下岗工人再就业，从前的业绩全部清零，你得从头再来。重新生儿育女，重新与一个陌生的家庭磨合，把从一个男人那里失去的尊严，在另一个男人那里挣回来，纵然举案齐眉，纵然老来富贵，心中总有一个解不开的结吧？尤其，对于像赵振轩家的这种争气要强的女人。

不去窥探这个好女人的心思了，还回头说白友安和小刘这对“狗男女”，大了肚子的小刘看上去跟村里女人也没什么区别，也做饭，也喂猪，也跟村里的女人说笑，谈谈家里地里那些事儿，貌似每个风流躁动的女人，都需要一个男人让自己岁月静好尘埃落定，跟白友安的这次私奔，也许真是她的终极之旅？

这样想，就低估了小刘身体里的那股热情，后面的事儿我知道得不太详细，只是听我妈说，有一次，都晚上十来点了，白友安到我家来借钱，说是小刘又跑了，他出来找，钱花完了。

小刘又这样“跑”过几次？什么时候才真正地终止了这种“跑”？我并不觉得她是一个坏女人，她只是一个特别需要爱情的女人，就像刘晓庆的自白：“爱情对于我，就像生活里的阳光。”她们每时每刻都需要爱情之光照亮自己的生命，假如没有，就会觉得自己活得像个行尸走肉。这种激情，是否是一个戏子的本分，假如她们都像我等这样瞻前顾后随波逐流，像我们这样善于妥协和平衡自己，我们又何必，郑重其事兴致勃勃地跑去看她们？只是，当原该在舞台上浓墨重彩地呈现的精神，放入日常生活中时，我们用肉眼去看，怎么看怎么别扭。

我那时正值青春期，对于绯闻很感兴趣，对于私奔更感兴趣，我对小刘的兴趣，也就可以想象了。我暗中观察这个女人，若说通常意义上的美，她不超过村里女人的平均水准。小兰子长得更像白友安而不像她，她本人脸盘大，肤色暗，单眼皮，眼睛也不是很大——这样形容还是没法得她真髓，让我这么说吧，她最大的特点是五官线条太直，眉梢嘴角都不带弯儿，刀锋似的直插过来的，说个家常话儿，都有悍然之气，全无传说中的，戏子的妩媚。

我也没有看过她唱过戏，她不唱戏已经很多年。乡间还是有戏的，都是文化馆的人在唱。我赶过几次集，看见集市中央，搭一个戏台，上面影影绰绰有些服饰华丽的人在走动，不用靠近，那声气儿就一传老远，穿越起伏的市声，凭空生长出的一种洪荒苍凉。

吾乡人听不得咿咿呀呀的越剧、黄梅戏，对于京剧的爱好也有限，让他们三月不知肉味的，唯有那河南梆子。

我百度了一下，这河南梆子，就是豫剧的前身，但我在乡间听到的河南梆子，跟我在电视上听到的豫剧，似乎是不同的。乡间的梆子戏，明显比电视上豫剧要高个几度，男声高亢到嘶哑，女声高亢到尖细。我想这差别，就像高档茶与低档茶，好茶往往是淡的，要慢下性子品那个真味儿，普罗大众往往欣赏不来，倒是那些上不了台面的茶，色浓、味苦、有劲儿而能提神，就像生活本身，才能成为老百姓的至爱。

尽管如此，在二十世纪八十年代，河南梆子也已经式微，年轻人只爱听流行歌，在集市上唱戏的，都是文化馆的职业演员，政府是有补贴的。小刘们重新隐匿到农家的日常生活中，在庄稼地里，在锅台边，看上去，也就是一个面目寻常的农村妇女。

不过，我还是发现，她不同于他人的蛛丝马迹。有次，我在村里女孩子面前显摆，我看过很多书，包括一些世界名著，她笑了起来，说："就是《安娜·卡列尼娜》吧？就是《简·爱》吧，这都是我们看过来的。"我简直惊呆了，从她嘴里吐出的这些词，跟身边的背景是多么不相称，我那么想显摆，都没有说出书名来，我想他们只会觉得古怪与滑稽，说了也白说，哪想到，还有一个人，能如数家珍。

很多年后，我看到王安忆说，安娜·卡列尼娜死于热情，她身体里有着燃烧不尽的热情，非得把自己给"作"死不可。我想，小刘，是不是也是这样呢？莫非，在号称安徽的西伯利亚的乡间，还有一个农村妇女，和安娜·卡列尼娜同质？

但她让我刮目相看也就那一次，有次，我在她家闲聊，说起某个女的，我说这人挺好的。她嘴一撇，说："好，几十块钱一晚上。"我听出她话里的意思，又觉得这话儿童不宜，有些小尴尬，便装傻道："她干活一晚上能挣几十块？"她便像个鸭子似的，嘎嘎地笑了起来。小兰子扯过我，想跟我耳语，我悄悄地说："我知道啥意思，我故意这么说的。"小兰子大声地说："她说她知道，她故意这么说的。"小刘笑得更厉害了，前仰后合的，我极大尴尬，同时觉得自己受到了冒犯，那段日子，便去得少了。

私奔围观爱好者

再后来，我离开了张家庄，回到了城市。重新做一个城里的初中生、高中生……踩在生活的轨道上，一程又一程。一开始的寒暑假，我还经常去张家庄，但不得不承认，我变"修"了。我越来越觉得张家庄脏，事实也是如此，每次我回去，若是住上一两晚上，身上真的会被不知来历的虫子叮无数的包，且奇痒。久之，我不在那里留宿，再后来，我连一顿饭都没法在那儿吃——我实在见不得大家怡然对苍蝇叮过或是猫舔食过的菜碗下箸。

我没有缘分与小刘重逢，连小兰子也不得再见面，这倒不是我的问题，而是就在我离开张家庄的几个月后，小兰子，跟一个人跑了。先是我小舅爷告诉我的，然后小玲子来找我玩，说起她姐姐，她口气很淡，只说小兰子嫁到北边了，生了个闺女。又问我想不想去北边玩，她可以骑车载我去。

许多年后，我回想起小玲子的话，她淡然的神情下，未尝没有颗跃跃欲试的心，她想去哪里呢？若是我当时答应了，会不会跟她一道踏上颠沛流离之旅？不同的只是，她的人生比我更有弹性，因为她一无所有，所以可进可退，来去自如。

不是我想象过度，我离去不久，我小舅爷进城来，说，小玲子也跑了。他没心没肺地笑着，说，他们家，一年跑俩！

“跑”这件事，也可以成为一个传统。小刘与她的女儿们，血液的黏稠度比一般人都要高吧？热量比一般人都要大吧？身体的深处，是否总有一种力量，撺掇着，怂恿着，推动着，命令着，要她们，“跑！”

许多年之后，我成了一个“私奔爱好者”，不，准确地说，是“私奔围观爱好者”。我觉得，没有比私奔这件事，更能体现个人意志、生命的活力，和被无限拓展的可能了。

脱离生活的网，人际关系交织成的经纬，长天大地在眼前飞速展开，和喜欢的人，去想去的任何一个地方。这是一种多么摇滚多么自然的状态啊！

就像我喜欢的那首民歌里唱的：

我为你备好钱粮的褡兜
我为你牵来灵性的牲口
我为你打开吱呀的后门
我为你点亮漫天的星斗漫天的星斗
你带我躲过村口那黄狗
你带我走过十八年忧愁
你带我去看长长的夜空
你带我去看东边的日头东边的日头
我和你今年咱们俩是兄妹
我和你明年是一个炕头
不管丢人不怕羞
叫声哥哥你带我走

我也想过比较静态的私奔，沉静如百合花般的女子，拎着一只箱子，和温厚修长的男人，出现在清晨岑寂的站台上。他们不牵手，也不对望，只是并排站着，目光共同望向铁轨的尽头，等待喷着白雾的列车终于驶来，一声长鸣后，带他们奔赴异乡。

说到这里，我突然发现，对于私奔这件事，我真是叶公好龙，我如此抒情地描述它，心底却知道这是我最不可能接受的一种状态。首先，坐火车很辛苦啊，租房子这件事我也受不了，我讨厌住别人的房子，讨厌跟房东打交道，不喜欢连在墙上钉个钉子也要跟人请示。我想象不出有什么人，能让我快快乐乐地和他一辈子住在出租房里——别跟我提买房这件事，现在中国的房价太高了。

当然，也可以设想和有钱人私奔，但是，私奔，本来是体现自由意志，要是限定为有钱人，这种梦不做也罢。

我的血没有小刘她们那么热，我的安全感，没有小刘她们那么足，我蜗居在最为正常的生活之中，保持着观望的热情，就已经很好了。一场又一场燃烧之后，最后出现在我面前的小刘，也不过是这样一个萧索寡淡的老妇人？

二十年之后，她来为邻家女儿“添箱”，又不咸不淡地闲话了一会儿，就告辞了。是夜，我舅爷家里灯火通明，路远点的亲戚为参加明天早晨的送亲宴，或去附近其他的亲戚家，或者干脆在我舅爷家打地铺，故而此刻无事，都坐在屋里屋外拉呱。我热爱这种非常态，但作为一个“省城来的人”，也不宜像个激动的老鼠一样在人堆里蹿来蹿去，就算我自己不讲究，我奶奶是万不肯看我如此“没成色”的，天一黑，她就安排我洗脸洗脚，只待在她屋里闲叙的三姨奶一走，就上床睡觉。

就在这当儿，白友安来了，他来找我奶奶拉呱，他不爱跟“一般人”拉呱。在张家庄，有个“上流社会”，构成人员要么是知识分子，要么是像我奶奶这种走南闯北见过世面的，要么就是像白友安这种形象出众的。他们自恃优越，不大爱搭理人，且为了突出自己的优越，彼此见了，有的没的都能扯上半晌，以这种亲密性，把自己从灰色人群里区别开来。

白友安问我一个月可能挣两三千，我含混地说，差不多吧。白友安便道，他家小兰子在深圳唱歌，一个月能挣五六千呢。我说：“哦。”我奶奶问：“小兰子是不是跟她那个姐搁一块儿？”白友安说：“是啊，她那个姐嗓子也好，都随她妈。”我方知道，小刘和前夫起码还有个女儿。

白友安又说：“小刘没赶上好时候，她年轻时嗓子是真好啊，马金凤都夸过。要搁现在，还不是满到处唱？没赶上好时候啊！”三姨姥在旁边搭话了，说：“那是，她肯定得好，不然你能非跟她过？”

我心想三姨姥真不会说话，哪壶不开提哪壶，却不想，白友安嘿嘿一笑，说：“那时候倒是没想那么多，就觉着非得在一块儿，那是没商量的。”

我惊奇于他的坦然，更惊奇于他还记着那时的感觉，我在很年轻的时候，也喜欢过什么人，很多年后，我不但连这人的名字都忘了，更要命的是，任我苦思冥想，也想不起来，我当时为什么，又是怎么样地喜欢过这个人的了。

他说，就觉得非得在一块儿，这是没商量的。这也跟我们不一样，我们的爱与不爱，在一起还是不在一起，都是可以商量的。“我爱你，但是……”可以转折，可以在哭泣过、拥抱过、柔肠百转过、心如刀绞过之后，说一声再见。我想象不出，白友安和小刘那一段电光火石，他们是怎样开始又层层推进，我能够想象的是，白友安一定明白，他的前妻是最好的女人，而小刘不是，小刘是那种会给男人带来很多麻烦的女人，但是，没办法，他跟自己没商量，他一定要跟她在一起，没有其他可能。

戏梦人生

第二天上午，一个热闹中不乏感伤的送亲早宴之后，新娘子被迎亲的新郎带走了，人们相继散去，我妈要留下来做些善后的事，我则搭小姑的车回县城，再从那儿搭大巴回省城。到县城后，小姑留我住一晚，许诺晚上请我吃最地道的地锅鸡，我回去原也无事，多住一晚无妨。

吃过晚饭，我和小姑与小姑夫，溜达着消食，不觉来到县城的广场。消闲的人很多，自行车停了一大片，摆地摊的，卖气球的，出租气枪的，各自占据一隅，喇叭里传出各种各样的叫卖声，烧烤的香味烟熏火燎地顺风而来，蓦然回首，若即若离的臭干子的味道，就发源于身边。

远远地，看见广场中心搭了个舞台，下面攒动着些人头，离得远，看不真切，也听不到歌吹之声，只觉得那里就像一从巨大的篝火，亮光是一丛焰心，下面昂头朝向台上的人，如聚拢的木柴。我们三个人，都笑着，不自觉地朝那舞台走去，却也不想扎进人堆里，只是在一侧瞥着。正瞧着，忽然有人打招呼，喊："徐书记，你也来看戏啊？"

我们都回过头，眼前的女人，穿着件掐腰的白衬衫，黑色长裤，胸部很丰满，撑得扣子都要立起来了。头上插着闪闪发光的行头，脸上也描画好了，两片胭脂，夹着狭长的鼻子，长眉入鬓，眼睛吊得老高，独剩一双黑眼珠，在黑色的油彩里，对着我们笑。

小姑夫先是一愣，随即笑了，说："孙团长，你们在这儿唱啊？"这位孙团长说："是啊，柴油机厂请的。你们到后台来看吧。"小姑跟我对视一眼，都有想去的意思，便跟在孙团长和小姑夫后面，从人堆里挤出一条缝来，来到一个台阶前，踏上去，几步就到了后台。

我这才发现，所谓的“后台”，就是一辆大篷车，车上点着几盏灯，站着几个同样描画好的人，还有两个人坐在那里，正在对镜梳妆，乱七八糟地挂着戏服，地上则有许多个木箱子。这种凌乱倒符合我想象的后台的样子，它的简陋寒酸，也让我觉得对，我觉得艺术，尤其是民间艺术，就该有这种流浪者的姿态。

我和小姑默默地站着，孙团长在耳边说：“徐书记，你一向对我们都是很照顾的。”小姑夫说：“哪里哪里，照顾谈不上。年下俺们镇里要搞一个大的活动，到时我请你。”正说着，有人过来跟孙团长说快该她上场了。孙团长匆匆忙忙地告了辞，到帘子后面换衣服去了。

我们又都站了一会儿，不想按照演员的指引，到幕后去看戏，就那么在后台站着，看苍黄的灯光下，那些似真似幻的身影，带妆的与不带妆的容颜，时光如水也罢，如砂也好，从没有一个时刻，像这一刻那样，让我清楚地听到它的流动。忽然，有个男的大踏步走过来，皱着眉头说：“不早说要换成节能灯了吗？省电，还亮堂。”没有人说话，我和小姑又对看了一眼，说，走吧。

下了大篷车，我们朝广场外围走去，却听一声呼喊从旱地拔葱，尖锐得让我起了一身的鸡皮疙瘩，回头望过去，正是孙团长疾走在舞台上，她穿了一身黑色的戏服，低首俯身，仿佛悲痛得难以自抑，然而痛到极点，也成享受与欢喜，抛下日常生活的皮屑，无边无际的庸常的磨难，进入悲欣交集的云端，浑然忘我。

我看看，也就回过头来，我小姑也回头看看，对我说，走吧。我们一同，穿过广场，回家去。

那时的古典爱情

表叔是个大学生

我有一个亲戚，是个项目经理，那一年他路过合肥，我请他去看我的房子。

是个小复式房，上下面积都不大，楼梯口开得格外小，基本上就是一个洞，每次想到要从这个洞里上下，我的幽闭恐惧症就要发作。我想把这个洞口开得大一点儿，又担心是否可行，之前给这个亲戚打了很多电话，要他经过合肥时一定帮我去看看。

那天傍晚，我们在小区门口见面，他从铜陵过来，风尘仆仆，暮色里望过去，格外地胡子拉碴，与我前两年见到的他，有所不同。

我们走进小区，爬上六楼，房间里没有梯子，他站在楼下，略看了看，便说，洞口可以砸，只要不是梁，都可以砸。他又在楼下转了转，参观了厨房、阳台、卧室等，交房时墙面都没粉刷，看上去十分粗陋，但他说，很好，很好。又微笑着，说，你这几年搞得不错。

“搞得不错”，在吾乡有着特定的意思，大致是说混得还行。在外人看来，我一个人来到省城，短短几年，有了两套房子，也算符合“搞得不错”的标准，但我听他这么说，却感到不是滋味。当我们离开房间，打车来到市里，在一个川菜馆坐下来，我隔着灯光看他，已然沧桑上面时，那种感觉就来得更分明了。

不该是这样的，这样的他，与这样的我，都太像社会中人了。和记忆里存下的那些影像，完全套不上啊。在我少不更事的当年，这个亲戚给我最深的印象是，他曾被一个女子，痴情而无望地爱过。

我第一次见他，是在马圩子。他是我一个奶奶一个远房表姐的儿子，我刚去马圩子时，并没有见到他，他在合肥上大学，虽是大专生，但我们那儿读书的风气不浓，家里出个大学生是个稀罕事儿，在合肥上大学——听上去就更洋气了。

姨爹是老师，对孩子教育抓得紧，他们的女儿，我该喊表姑的，也在镇上读初中。而一般的农村女孩，是读到小学毕业就会辍学的。

第二年过年时，我又来到马圩子，这次，表姑和她哥哥，那位大学生表叔，都回来了。表叔个子高高的，戴着眼镜，有点儿像唱《再回首》的姜育恒，他穿件当时流行的军绿色棉大衣，典型的大学生模样。

表姑和我差不了几岁，我们聊得甚是欢畅，以至于我不愿意再回舅姥爷家，只与表姑形影不离。大姨奶让表姑和表叔一道去臼米粉做汤圆，我也跟着，一道来到村口那棵歪脖子老树下的石臼边。

表姑手里拎了一小袋糯米，表叔一手拿着瓢，把米舀进臼里，另一只手拿着个枣木槌，把糯米砸成粉。路口风大，滴溜溜地往脖子里钻，我们都缩起脑袋，表叔便扬着手里的瓢和木槌笑道："北风拿个瓢，雪花拿个槌。"跟《白毛女》里那两句唱词正好对得上，二十来岁的大学生表叔，常有这样一种幽默与机智。

春风沉醉的晚上

是这个原因，使得他很讨女孩子喜欢吗？大姨奶和姨爹背着他常常笑着谈起，那些追上门的女孩子。其中一个，在县服装厂上班，不知道她怎么跟表叔认识的，总之是一见倾心，在表叔上学期间，三番五次来看望二老，还给表姑做了不少的衬衫和裙子。

可表叔不喜欢她。姨爹这样告诉我们。这年春节，这女孩已经来过一次，后来是哭着走的，表叔之不喜欢她，和她喜欢表叔一样坚决。

这就没有办法了，姨奶和姨爹嘴上都表示了叹惋之意，但我清楚地感到，他们除了有作为父母的骄傲之外，也有类似于普通观众围观一个恋爱事件的乐趣。

过完春节，那女孩再次登门，圆圆的脸，红扑扑的，笑起来很温柔。表叔已经提前回校，她脸上有失望，倒也没被这失望压垮，若无其事地在屋里屋外找活干，跟我和表姑聊天。在吾乡，上门就是客，姨奶和姨爹只当她是个亲戚，吃饭的时候，她自然地坐在桌前，晚上，就安排她跟我和表姑住一屋。

冬夜寒气逼人，我们早早地钻进被窝，我和表姑睡一头，她睡在那头。三个人都睡不着，就聊天，说流行歌曲之类。那年春节晚会上，有个香港歌手唱了一首《三百六十五里路》，歌很好听，歌词令人费解，她说，她觉得她能懂，只是说不上来。也聊电视剧《红楼梦》，我看过原著，聊到这个话题，格外地有话说，表姑在我长篇大论的间隙，不时打趣几句，她只是静静地听着，听完说，你说得很好。

那年她是和我同时离开姨奶家的。离开时，她特意跟我要了地址，说是将来有机会去找我。

我没太放在心上。

三月底的一天，天气转暖，整整一天阳光都很好，到了傍晚，被烘了一天的空气像棉花糖似的温馨而松软，用书里的话就是，那是“一个春风沉醉的夜晚”。

天也黑得晚。她走进我们家院子时，还有些天光浮动着，她微笑地迈过我们家院门，问“闫红是不是住在这里？”我迟疑地走出屋，她笑着握住我的手，好像是个久别重逢的老友。我妈不明就里，但听说是在大姨奶家认识的，看她面相也善，倒也热情地招呼她喝茶，又问她有没有吃饭。她笑盈盈地说吃过了，接过我妈递过来的茶。

她告诉我，她过完年就到阜阳来了，就住在仁里街，帮一个亲戚卖衣服，她一直想来看看我，店里忙，她老是顾不上。

我首先感到她想来看我的荒谬，我们不过是萍水相逢，哪至于特意拜访？其次，我也感到，她来这一趟，怕是要积攒很久的勇气吧？忙只是个借口。

我们又扯了些闲话，她站起来告辞，我将她送出巷子，从头到尾，她没有一个字提到表叔。可是，要不是因为他，二十来岁的她，如何会想与十三四岁的我交往？又可是，我能帮她些什么呢？我一个小孩，又是个远房亲戚，根本不可能影响到那位表叔啊！

很多年之后，我用匪夷所思的口气说起这件事。一个女孩子问我，那你觉得你现在能够帮到她吗？我说，当然不能。那女孩说，其实她找你，不是想让你帮她，甚至不是想对你倾诉。她找你，只因在那座城市里，你是一个离那男人比较近的人。

斯言诚是！她没有再来找过我，关于她的后来，我都是听表姑说的。表叔大学毕业后，回到许桥镇，她又去找过表叔几回，他一次比一次更坚决地拒绝了她。表姑说，他喜欢的是另外一个女孩，那女孩也喜欢他，还到家里来过，但最后也没成。表叔同样拒绝了那个女孩，因为——他想找个“吃商品粮”的。

“吃商品粮”，是那个时代的心结，它的官方说法叫作“有城镇户口”。说起来好像太现实太势利，但从饥饿的时代走过来的人，有几个没有这份心结的呢？况且，已经吃上“商品粮”的表叔，是有资格要求门当户对的。

他自然是找到了。表姑说，他结婚那晚，那个裁缝姑娘来了，站在他门口哭了，他撇下新娘，到门外劝了她很久，深夜里，那姑娘一个人离去。

只剩我在现场

她很快也结了婚。丈夫是表叔的同事，比她大十几岁，离异，有个男孩。她嫁给这个男人，只是想离表叔近一点。

结婚后才发现，她丈夫是个家暴男，更要命的是，不久表叔便辞职下海，当上了小包工头，走南闯北，她做了那样的取舍后，还是没有能够，离他更近一点。

表叔的生意做得还不错，一度几乎成为镇上的首富。我长大后遇到过他一回，在阜阳街头，他已经有了两个孩子，执意要请我们全家吃饭。饭桌上，表叔意气风发，保持着当年的风趣。他变成这个样子，也挺好的，我是说，我想起了那个裁缝姑娘，若看到她的心上人变成事业有成的小老板，也还说得过去吧。

可是，用个滥俗的说法，生活就是这样，总有不测风云。表叔后来接了个大工程，给镇政府盖学校，房子盖好了，收不回工程款，镇里让他找县教委，教委让他找镇政府，互相推诿扯皮，钱没要上来，连本钱都搭进去了。之后他又接了个修公路的活儿，由于没有把礼送到位，修了一半，对方叫停，转给别人，他又搭进去一笔。

两次下来，家底被掏空了，他也意识到给政府做工程是条险途，放下包工头的身份，远走他乡，帮人打工做个项目经理。

他跟我说这几年的这些事，在那个川菜馆里。旁边桌上坐了两对男女，衣着炫目而廉价，递过来的只言片语中能听出他们刚认识不久，互相都有挑逗试探之意。

在这个背景下，我听表叔说他的近况，总体还挺乐观，他说他觉得现在这样挺好，省心。我的心思却一再无法自控地飘到十几年前的那个冬天，那个从省城回来的大学生，披着军大衣，举着手里的瓢，笑道："东风拿个锤，雪花拿个瓢。"从什么时候起，生活变得这么沉重了呢？

那个女孩，又在过着怎样的生活？许多年前的那个夜晚，我站在巷口目送她远去，夜色如河流，载着她渐行渐远，进入她深不可测的命运。也许她已经没有机会回头，只剩我在现场，帮她看她温柔爱过的男人，被生活揉搓，被命运粗暴对待，真不是滋味啊！

吃罢走人，表叔抢着买了单，数目不大，我不好再争。我们下楼，出门，挥别，坐在出租车上，像是在梦境中。只希望表叔的生活能够再次好起来，因为，不管过去多么好，我们再也回不去了，只能往前看。

赶 集

集市是个迷宫

我一直，想再赶一回集。

但我舅姥爷告诉我，现在没集了，因为每天都是集，集就在那儿等着，想什么时候去就什么时候去，当然不用赶了。

我舅姥爷这人脾气好，说话总是笑嘻嘻的，这样说时，他照旧笑嘻嘻的，可我怎么说呢？我觉得，他笑得挺遗憾的。

等在那里的集还叫集吗？不能赶的集还叫集吗？

以前，在吾乡，集市是要“逢”的。或逢单日集，或逢双日集，不逢集的日子，长街冷清，人们安心在家耕作，只等第二天开集，才呼朋引伴，涌到集上去，或买或卖，或快乐地游手好闲。

每个村子里都有几个人是集上的常客，在马圩子，我舅姥爷是其中的一个。

我舅姥爷高小毕业，算个小知识分子，他的爱好可以为乡间大多数小知识分子的代表：一是爱听评书；二是喜读演义，什么《隋唐演义》《三侠五义》《薛仁贵传奇》，他箱底都有收藏；不过他最爱的还是赶集听戏。远在十五里之外的江桥集，他几乎逢集必赶，那年月乡间文化生活繁荣，每回集上都有河南梆子戏上演，这个剧种最为我的父老乡亲们喜爱，我的单身汉舅姥爷更是听得如醉如痴。我来江桥不久，他就带我一道去赶集。

那天一大早，我一碗稀饭还没喝完，我舅姥爷就在当院里给自行车打气了。这辆自行车一看年代就不短了，大梁和车轴上绕了很多花花绿绿的东西，想当年一定花里胡哨过，如今颜色已尽褪，缠在上面不过是聊甚于无。

吃过饭我舅姥爷骑上自行车，我则需要跃上车后座。以前我总是坐在我爸那自行车的大梁上，第一次这样上车，不免多试了一回。好不容易上车了，奶奶又追上来，弄了弄我的刘海，接着我和舅姥爷意气风发地出了马圩子。

不断有自行车飞快地从我们身边超过，上面多是一男一女，穿得鹅黄柳绿的，抛下一片说笑。也有时髦的青年小伙，穿着不见得合体的西装和牛仔裤，偏梳的头发抹得油亮，吹着口哨从旁边闪过。还有熟人一一现身，我舅姥爷会跟其中的一些人打招呼，他们互相称做“大哥、老叔、二伯”等，我舅姥爷说，有不少都是没出五服的亲戚。

半个小时之后，我们终于接近了许桥，还没进入集市，已见得热闹，路边停着好多小蹦蹦，没抢到集里铺位的就把生意做到这里来，大红大绿的布匹铺天盖地地，太阳光很好，人群也很闹，像蜂蜜似的嗡嗡叫，吵得人鼻子上背上都淌出汗来。

集市更是一个迷宫，舅姥爷把车扎到一棵树上，带着我，从这儿走到那儿，从那儿走到这儿。到处都是人，高音喇叭也不知道安在哪儿，河南梆子一个劲儿地唱。一个沙哑高亢的嗓子，在滔滔人流之上，唱他一个人的委屈与辛酸，可这委屈辛酸，落下来，也只是增加了集市的气氛，让集市更像集市了。连扎在树上骡子马都一个劲儿地欢实。主人却很冷静，抄着手，站在旁边，冷眼看着，嘴里有一句没一句地跟人谈着看上去还没准头的生意。

到处都有小小的趣味，铁匠铺子、剃头挑子、乡政府的院墙下，阳光像冰溜子化了淌下的水，稀里哗啦地漫了一地。一个老头蹲在那儿，穿着洗得发白的蓝色棉袄，腰上扎着个污浊的家织布带子，一顶金色草帽却非常耀眼，是新买的吧？脚边摆着成捆的深褐色烟叶和烟锅嘴子。他眼睛不看人，吧嗒吧嗒抽他的烟，爱买不买的惬意姿势，让他的烟叶显得更诱人了。

舅姥爷一路问我吃啥，瓜子？花生？甘蔗？路过了无数零食摊子，我出于客气，连连摇头。舅姥爷就叹，城里小孩的嘴咋那么刁呢？一个集上买不到她要吃的东西。舅姥爷最后带着我来到露天戏场上，这是他今天上午最终的目的地，他领着我跑了那么一大圈就是为了来到这里，心无旁骛地完成最美好的享受。

突然就散了

我和舅姥爷捡了块报纸，垫在屁股下面，仰着头看。戏台上一个小姐正咿咿呀呀地唱得来劲，她穿着闪闪发光的衣服，长长的水袖甩开来，额上大而圆的亮片衬出水汪汪的一双桃花眼，不过最好看的还是她脑后的一个圆髻，当她翩然转身，将背影对着观众时，低垂的发髻妙不可言，尽职尽责地替她表述一些口不能言的隐情。在我没见过世面的眼中，这个小姐简直就是仙女下凡。我没有想到这儿还有这么好看的人，城里小孩的优越感，瞬间被粉碎殆尽。

那个演员唱完下台。她没有回到后台，是从前台侧面走下去的。我们正好坐在那儿，她从我身边挤出去，我目不转睛地盯着她看，却看到这个仙女有着一双凡人的手，粗糙而且沾满了灰，更不像我想象的那样涂着闪亮的指甲油。想到她下去可能是去上厕所，她刚才的美，便像巫婆在灰姑娘身上施展的魔法一样虚幻。

接着上台的是个黑脸，我耐着性子等他下去，可他就是不下去，我终于浮躁起来，要走。舅姥爷舍不得走，塞给我两毛钱，让我到外面买些零嘴，到那个搁自行车的地方等他，而自行车扎在场边的大槐树下。

我出来转了一圈，买了一棵甘蔗，坐在大槐树下啃，啃着啃着，啃出一条虫，我吓得把整个甘蔗都扔了。只好百无聊赖地到处看，这里势高，场地大，逛累了的人都到这儿歇着。阳光像终于烧开了的热水，蒸腾开来，冒出丝丝缕缕的雾气。

我旁边的树下坐着一个男人，带俩小孩，爷仨穿着一样的牛仔装，是一种比较重的靛蓝，穿在那俩孩子身上看上去很洋气，穿在父亲则是十分童稚的滑稽，却益发地慈祥起来。他的两个小孩都捧着奶油蛋糕，在许桥的阳光下，那是很优裕的样子。估计那个父亲是镇上的工作人员。

我正看得入神，突然有人对我讲话，我吓了一跳，再抬头眼前一晃，是村里最时髦的年轻人德子，他穿件蓝色的球衣，眼神明亮，阳光打在他的颧骨上，脱胎换骨般的精神。我说：“你来赶集？”他潇洒地一扭头说：“我跟几个朋友来集上逛逛。”那边树行里晃着几个身影，也都是时尚青年。他对他们挥挥手，扭头走了。

过了一会儿，我又看见了村里其他的女孩子，她们手拉着手，大声说笑，十分夸张，人们都朝她们看，她们的声音就更大了。我喊了小萍子一声，她看见我，非常高兴，叫我过去。

我加入了小萍子们的行列，和她们勾肩搭背，招摇过市，人们不由自主地让出一条条缝隙，我们就打那缝隙里钻来钻去。小萍子她们脚步飞快，像跳舞一样，我都快赶不上她们了，被拖着从这头逛到那头。走到哪儿都有人看着我们，尤其是那些年轻的男子，他们远远地看着我们，眼神专注，小萍子含笑地低头骂了一句什么，嘴边抿出个小酒窝来，说笑声提高了八度。

当然，也只有她有资格骂，现在想来，那些眼神都是冲着她来的，其他的女孩还没长大，可是我们全没意识到这一点，跟着傻乐呵，出了一头一脸的汗。小萍子把毛线衣都脱掉了，在面前悠来悠去地扇风，我发现她的刘海用火剪卷过，在额头前枝枝蔓蔓，下面的眼睛黑而潮湿，她的脸，红得亮晶晶的，她是我那天在集市上看到的，第二个脱胎换骨的人。

忽然看见我舅姥爷从那边的篮球架下钻过来，一路小跑，我喊了他一声，他站住，很茫然地四下里看看，这才看见我，叫起来，“哎哟，你个祖宗哟，你咋不吱声就跑了，吓坏我了。”又瞅了小萍子一眼，皱起眉头，拽着我，脱离了这个以小萍子为主的群体，朝停自行车的地方走去。

集突然就散了，人们蜂拥着进来，又蜂拥着涌出，舅姥爷的自行车穿越了许桥含糊昏昧的光线，重新行驶在乡村公路上，两边的树林如琴弦，车轮无声地划过。一路无话，快接近马圩子时，舅姥爷对我说，你别跟乡下小孩胡闹，你跟她们不一样。我应着，却不知道他指的是什么，心里狐疑着，又羞愧又委屈，一场欢快泄了气，我简直要哭出来了。

那时候，这样的集市，隔上个十来里就有一个，每两天开张一回，有多少少男少女，在熙攘的人群中，眉目传情，行至无人注意的角落，暗定盟约。《诗经·东门》曰：“出其东门，有女如云。虽则如云，匪我思存。”春秋时代就开始的剧情，现在已没落，年轻的男女，涌入城市，在工业化的流水线上，开始另一个版本的故事，集市没了，集上的故事也没了。

不管过去多么好

我们再也回不去了，只能往前看